AS NOVAS TECNOLOGIAS DA INFORMAÇÃO E A EDUCAÇÃO A DISTÂNCIA

Dados Internacionais de Catalogação na Publicação (CIP)
(Câmara Brasileira do Livro, SP, Brasil)

Rosini, Alessandro Marco
    As nova tecnologias da informação e a educação a
distância / Alessandro Marco Rosini. - 2. ed. -
São Paulo : Cengage Learning, 2017.

    1. reimpr. da 2. ed. brasileira de 2013.
    Bibliografia.
    ISBN 978-85-221-1538-9

    1. Educação a distância 2. Inovações educacionais
3. Tecnologia da informação I. Título.

13-06523

CDD-371.33

Índice para catálogo sistemático:
1. Educação a distância e tecnologia da
            informação   371.33

AS NOVAS TECNOLOGIAS DA INFORMAÇÃO E A EDUCAÇÃO A DISTÂNCIA

ALESSANDRO MARCO ROSINI

2ª edição

Austrália • Brasil • México • Cingapura • Reino Unido • Estados Unidos

As novas tecnologias da informação e a educação a distância – 2ª edição

Alessandro Marco Rosini

Gerente Editorial: Patricia La Rosa

Supervisora Editorial: Noelma Brocanelli

Supervisora de Produção Gráfica: Fabiana Alencar Albuquerque

Editora de Desenvolvimento: Gisela Carnicelli

Revisão: Raquel Benchimol e Alla Lettera

Diagramação: PC Editorial Ltda.

Projeto gráfico: Megaart Design

Capa: Ale Gustavo – Blenderhead Ideas

Editora de direitos de aquisição e iconografia: Vivian Rosa

Analista de conteúdo e pesquisa: Javier Muniain

Pesquisa iconográfica: Renata Camargo

Imagem de capa: Skynesher/iStockphoto

© 2014 Cengage Learning. Todos os direitos reservados.

Todos os direitos reservados. Nenhuma parte deste livro poderá ser reproduzida, sejam quais forem os meios empregados, sem a permissão, por escrito, da Editora. Aos infratores aplicam-se as sanções previstas nos artigos 102, 104, 106 e 107 da Lei nº 9.610, de 19 de fevereiro de 1998.

Esta editora empenhou-se em contatar os responsáveis pelos direitos autorais de todas as imagens e de outros materiais utilizados neste livro. Se porventura for constatada a omissão involuntária na identificação de algum deles, dispomo-nos a efetuar, futuramente, os possíveis acertos.

A Editora não se responsabiliza pelo funcionamento dos links contidos neste livro que possam estar suspensos.

Para informações sobre nossos produtos, entre em contato pelo telefone **0800 11 19 39**

Para permissão de uso de material desta obra, envie seu pedido para
direitosautorais@cengage.com

© 2014 Cengage Learning. Todos os direitos reservados.

ISBN-13: 978-85-221-1538-9
ISBN-10: 85-221-1538-9

Cengage Learning
Condomínio E-Business Park
Rua Werner Siemens, 111
Prédio 11 – Torre A – Conjunto 12
Lapa de Baixo – CEP 05069-900 – São Paulo – SP
Tel.: (11) 3665-9900 – Fax: (11) 3665-9901
SAC: 0800 11 19 39

Para suas soluções de curso e aprendizado, visite
www.cengage.com.br

Impresso no Brasil
Printed in Brazil
1. reimpr. – 2017

*Conhecer a verdade não é o mesmo que amá-la
e amar a verdade não equivale a deleitar-se com ela.*

Confúcio

APRESENTAÇÃO

Escrevi esta 2ª edição com o objetivo de discutir um pouco mais sobre a importância que a modalidade de ensino a distância tem para a sociedade. A partir dessa discussão já realizada anteriormente, na 1ª edição, sobre as políticas e boas práticas da EAD no Brasil segundo o MEC, fiz um detalhamento a respeito das principais dimensões dos referenciais de qualidade em EAD. Além disso, destaco o que é preciso para implantar com qualidade o EAD tanto nas empresas como nas instituições de ensino.

Espero que gostem.

Abraços,

ALESSANDRO ROSINI

AGRADECIMENTOS

Foram encontradas muitas barreiras para a realização desta obra, da qual resultou boa parte de minha tese. Graças à fé em Deus e à nossa determinação e humildade, conseguimos superar todas.

Agradeço em especial ao Prof. Dr. Arnoldo José de Hoyos Guevara, pela eterna paciência e compreensão. Sem dúvida ele conquistou um espaço muito importante em minha vida acadêmica e pessoal. Sua sabedoria e seus passos serão sempre seguidos e lembrados por mim. Obrigado, professor.

Ao Prof. Dr. Jorge de Albuquerque Vieira, que me inspirou a buscar conhecimento sobre teoria de sistemas sob o contexto da semiótica em nossas reuniões no grupo de estudos da PUC-SP em Semiótica e Complexidade.

À minha bisavó Carolina Neves Wesely e à minha avó Franscisca Wesely Zeferino (minha mãe-avó), já falecidas, que sempre oraram e torceram pelo meu sucesso e pelos meus estudos.

Meus mais sinceros agradecimentos aos meus filhos Alessandro, Hannah e Gabrielle, a meus pais Osmar e Marli, a meus familiares e verdadeiros amigos, que, acreditando em meu potencial, me apoiaram nas horas mais difíceis.

# SOBRE O AUTOR

Alessandro Rosini

Experiência em mais de 20 anos de atuação na área de Tecnologia da Informação e Gestão Educacional nos segmentos empresarial e educacional, nas áreas industrial, distribuição e de serviços, apresentando visão sistêmica e multidisciplinar.

Cursou pós-doutorado em Administração de Empresas pela FEA-USP, doutorado em Comunicação e Semiótica (Tecnologia da Informação), mestrado em Administração de Empresas (Planejamento Estratégico) pela PUC-SP, pós-graduação em Administração de Empresas, graduado em Física.

Professor universitário (mestrado, pós-graduação e graduação) nas áreas de administração, tecnologia, educação e comunicação envolvendo as subáreas de tecnologias da informação e comunicação, organização e estratégia.

SUMÁRIO

	Prefácio	xi
Capítulo 1	Os desafios para as tecnologias de informação	1
Capítulo 2	Desenvolvimento da organização	9
2.1	Gestão do conhecimento	9
2.2	Mercado atual e mudanças	11
2.3	A cultura e a liderança organizacional	17
2.4	Tecnologia da informação	27
2.5	Informação, comunicação e conhecimento	35
2.6	A organização do aprendizado e o capital intelectual	46
Capítulo 3	Desenvolvimento da educação	53
3.1	Desafios na educação	53
3.2	Os quatro pilares da educação	55
3.3	A aprendizagem e o aprendizado	56
3.4	A inter e a transdisciplinaridade	58
3.5	Educação a distância	61
	3.5.1 O compromisso dos gestores	67
	3.5.2 O desenho do projeto	68
	3.5.3 A equipe profissional multidisciplinar	72

3.5.4	A comunicação/interatividade entre professor e aluno	74
3.5.5	Os recursos educacionais	76
3.5.6	A infraestrutura de apoio	78
3.5.7	A avaliação continuada	85
3.5.8	Os convênios e parcerias	88
3.5.9	A transparência nas informações	88
3.5.10	A sustentabilidade financeira	89
3.6	Um modelo ideal em busca da educação a distância	89
3.7	O que é importante quando pensamos em implantar o EAD	93
Capítulo 4	**Desenvolvimento do potencial humano**	**97**
4.1	O novo indivíduo	98
4.2	Uma visão ética	102
4.3	Visão ecológica e novos valores	104
4.4	Fluir, uma nova motivação	109
Capítulo 5	**Metodologia em sistemas de informação**	**113**
5.1	Teoria dos sistemas	113
5.2	Sistemas de informação	117
5.2.1	O porquê da metodologia em sistemas de informação	119
5.2.2	Qualidade: tecnologia e sistemas de informação	120
Capítulo 6	**Conclusões e reflexões sobre as novas tecnologias e sua complexidade**	**125**
6.1	Recomendações para o futuro	131
	Referências bibliográficas	**133**

Disponível na página deste livro no site da Cengage:

Anexo I	**A metodologia acelerated SAP**	**1**
Anexo II	**Legislação vigente sobre educação a distância no Brasil**	**1**

PREFÁCIO

Diante dos avanços acelerados das tecnologias de interconexão e de interatividade, resultantes da difusão da era da economia digital, e com a entrada dos novos *players* massivos nos mercados da China e da Índia, em um mundo preponderantemente de serviços e se tornando cada vez mais intensivo em matéria de conhecimento, a gestão do conhecimento naturalmente será um dos fatores críticos de sucesso, por conta do seu impacto direto no desenvolvimento humano e organizacional, conforme mostra a recente pesquisa do The Economist Intelligence Unit (2006).

As Tecnologias de Informação e Comunicação (TIC) estão alavancando um progresso exponencial no desenvolvimento de estradas e redes no ciberespaço que permitem acessar informações e processar conhecimentos em tempo real e em escala planetária, bem como aprender colaborativamente e compartir cocriativamente desse processo global, aparentemente caótico, de gestação, processamento e difusão de conhecimento – que deverá, cada vez mais, fazer parte do nosso dia a dia, tanto no nível pessoal como nos níveis coletivo e organizacional.

A intensidade desse fluxo informacional, aumentando progressivamente em quantidade e qualidade, e disponibilizado para um público sempre maior, é um sinal dos novos tempos e prenuncia um salto na evolução da espécie humana, por meio da expansão do nosso cérebro para um cérebro global – como acontece no nível biológico e, como a embriologia muito bem mostra, no feto, o cérebro e o coração inicialmente nascem juntos, e vão se desenvolvendo indiferenciadamente.

Temos, então, máquinas sofisticadas de busca e ferramentas de *data mining, data warehouse*, bem como de ERP (*enterprise resource planning*), CRM (*customer resource planing*), *cookies* e *knowbots*. Paralelamente, surgem *softwares* livres, YouTube, Skype, Orkut, *wikis* e a Wikipédia. Aparecem o B2B (*business to business*) e o B2C (*business to customer*), mas também surge a possibilidade de organizar trocas diretas – escambo (sem pedágio de distribuidores) – entre cooperativas de consumidores e produtores, além de P2B (*people to business*), P2C (*production to business*) ou, melhor ainda, P2P (*people to people*). A busca pela pura lucratividade nas empresas se transformou no *triple bottom line*, com uma visão mais sistêmica do negócio. A preocupação e a responsabilidade socioambientais tomam novo impulso na visão dos empresários de vanguarda, e os fundos éticos são cada vez mais valorizados no mercado.

Nesse cenário de novo mundo – *anima mundi* —, no qual cada vez mais o real e o virtual, o natural e o artificial se aproximam, se fundem, se metamorfoseiam e se transcendem, faz-se necessário que as pessoas e as organizações se reformulem permanentemente, a fim de se manterem celularmente presentes no desenvolvimento dessa noosfera, responsavelmente comprometidas com nosso futuro comum.

Estamos na aurora da era consciente, sendo levados a assumir nosso papel de cocriadores da nossa própria evolução. Sem saber, as portas da nossa percepção foram se abrindo ao navegar no ciberespaço – e, nesta era do sem fio (*wireless*), nosso mundo (plano) tornou-se não local.

Riscos e oportunidades surgem a cada momento nessa crise que, de forma sem precedentes, está abrindo as portas para uma renascença em nível planetário, na qual uma compreensão maior da natureza (da nossa própria natureza) e do próprio sentido e potencial da existência deverá abrir nosso intelecto para uma visão expandida e mais harmoniosa, dando novo significado para a vida.

Este livro representa esse momento. Trata-se de uma árvore cujas raízes se perdem nos primórdios do pensamento filosófico, e cujas ramas se estendem e apontam para além da nossa imaginação.

Arnoldo José de Hoyos Guevara
Pós-Doutorado em Probabilidade e Estatística
pela University of Oxford e Presidente do
Núcleo dos Estudos do Futuro da PUC-SP.

Material de apoio para alunos e professores

Na página deste livro no site da Cengage estão disponíveis para download: Anexo 1, Anexo 2, Glossário, Questionário, Síntese e Slides.

OS DESAFIOS PARA AS TECNOLOGIAS DE INFORMAÇÃO

A tecnologia é empregada nas organizações para reestruturar atividades no trabalho, bem como em nosso cotidiano. Sua utilização motiva o indivíduo, apesar de também gerar vários problemas no âmbito social, tais como o desemprego e a redução de salários. Há, sem dúvida, outros fatores que interferem nos problemas sociais existentes, como a concorrência exercida no mercado de trabalho pelas organizações, a competitividade, a globalização da economia e a consequente abertura de mercado.

Defrontamo-nos com uma série de questionamentos em relação à utilização da tecnologia da informação pelo indivíduo na realização das suas atividades no trabalho. Por exemplo, se há realmente um aumento na produtividade, se a tecnologia utilizada é a ideal, se há transparência e conformidade nas atividades realizadas etc. Sabemos que alguns fatores forçam as organizações a estar mais bem preparadas no âmbito administrativo, conhecendo bastante seus pontos fortes e fracos para ser competitivas e ganhar espaço em um ambiente externo cada vez mais exigente.

Goodman et al. (1990) definem tecnologia como o conhecimento de relações causa-efeito contidas nas máquinas e equipamentos utilizados para realizar um serviço ou fabricar um produto. Para seus usuários, a tecnologia refere-se ao conjunto particular de dispositivos, máquinas e outros aparelhos utilizados na empresa para a produção de seu resultado. Já Fleury (1990), em abordagem diferente, percebe a tecnologia como um pacote de informações organizadas, de diversos tipos, provenientes de várias fontes, obtidas por diversos métodos e utilizadas na produção de bens.

Gonçalves (1994), por sua vez, vê a tecnologia como muito mais que apenas equipamentos, máquinas e computadores. Para ele, a organização funciona a partir da operação de dois sistemas que dependem um do outro de maneira variada: um sistema técnico, formado pelas ferramentas e técnicas utilizadas para realizar cada tarefa, e um sistema social, com suas necessidades e expectativas a serem satisfeitas e os sentimentos sobre o trabalho. Os dois sistemas são otimizados de forma simultânea quando os requisitos de tecnologia e as necessidades das pessoas são atendidos conjuntamente. Assim, é possível distinguir entre tecnologia (conhecimento) e sistema técnico (combinação específica de máquinas e métodos empregados para obter um resultado desejado). Nesse caso, a tecnologia é representada por um conjunto de características específicas do sistema técnico.

Nas organizações, os fatores responsáveis por mudanças e transformações são sentidos de maneira mais intensa, pois, implicitamente, as empresas devem gerar lucros para se manter sadias do ponto de vista econômico e social no mercado em que atuam. Para tanto, buscam incessantemente novas formas de trabalho, de processos, de estratégias e de negócios. Elas se reestruturam com o objetivo de buscar novas formas de crescimento: investem na geração de novos produtos; criam novas ideias de negócios; reduzem os custos em seus departamentos e reorganizam-se internamente a fim de atingir o seu objetivo. Hoje, essa necessidade é crítica e cada vez mais presente por causa dos novos cenários existentes e externos às organizações.

Para Foguel e Souza (1986), a mudança é indissociável do cotidiano das organizações: há tanto mudanças de mercado, de tecnologia, de influências e de pressões da sociedade quanto mudanças de situações de competição nos meios de informação, nas condições físicas, ecológicas e legais, entre outras, que fazem parte do ambiente das empresas. Para os autores, o choque do futuro é mostrado como o estresse desintegrador e a desorientação aos quais os indivíduos se veem induzidos quando submetidos a rápidas mudanças em um período muito curto de tempo.

Como tratamos de processos automatizados em que há a presença marcante da informática, Drucker (1991) afirma que o computador é apenas uma máquina lógica e tudo o que consegue fazer é somar e subtrair, porém a uma velocidade extraordinária. Como todas as operações matemáticas e lógicas são extensões da soma e da subtração, o computador consegue realizá-las simplesmente somando ou subtraindo inúmeras vezes e de maneira extremamente rápida. Por ser inanimado, não se cansa, não se esquece nem recebe hora extra. O computador pode trabalhar 24 horas por dia e armazenar informações passíveis de serem manipuladas por soma e subtração em quantidades que são, ao menos teoricamente, ilimitadas. Para o autor, o computador apresenta basicamente cinco habilidades:

1 > Pode ser comparado a um escriturário mecânico ao manipular grande quantidade de papéis e documentos, simples e repetitivos.

< CAPÍTULO 1 – OS DESAFIOS PARA AS TECNOLOGIAS DE INFORMAÇÃO >

2 > Coleta, processa, armazena, analisa e apresenta informações a velocidades vertiginosas.

3 > Auxilia nas estruturações físicas de projetos nas áreas de construção civil, engenharia, química, física etc.

4 > Tem a capacidade de direcionar processos em condições preestabelecidas, realizando análises funcionais por meio de dados em operações empresariais.

5 > Desempenha importante papel no processo decisório estratégico das empresas, podendo, inclusive, indicar qual curso de ação deve ser seguido.

Os avanços da informática, dos computadores e de outras formas de tecnologia têm exercido efeito significativo na sobrevivência das organizações. É difícil encontrar qualquer forma de organização ou de processo organizacional que não tenha sido alterada pela presença de novas tecnologias.

Com a massificação do uso da informática, particularmente da tecnologia e dos sistemas de informação, houve a necessidade de que as pessoas que atuam nas organizações e que delas fazem parte evoluíssem na forma de agir e de pensar quanto à utilização desses novos recursos e métodos, surgidos em consequência da automatização dos processos.

O século XIX foi marcado pelo signo da Revolução Industrial, cujo emblema era a máquina a vapor, capaz de converter a energia química do carbono em energia cinética e em trabalho mecânico. Qualquer motor tem como *input* alguma energia não mecânica, e como *output* algum trabalho mecânico. As máquinas, introduzidas por essa revolução, maravilharam nossos antepassados porque eram capazes de substituir a força física do homem. Primeiramente, por conta da utilização do vapor e, mais tarde, por causa da utilização da eletricidade, a energia da máquina foi posta a serviço dos músculos humanos, livrando-os do desgaste (SANTAELLA, 1997).

Porém, nos dias atuais, o que estamos vivenciando é a utilização cada vez mais marcante da informação e presenciando sua plena revolução.

Atualmente, a utilização da tecnologia e dos sistemas de informação nas empresas é condição estritamente vital para o seu sucesso, pois, sem dúvida alguma, há uma dependência marcante dessa tecnologia em relação à obtenção das informações contidas nos bancos de dados dos computadores, disponibilizadas pelos *outputs* dos sistemas de informação, tanto em nível operacional como em nível de apoio a processos de decisão na empresa.

Na atual sociedade global do conhecimento, a geração e o uso de inteligência e inovações em ciência e tecnologia são os meios utilizados para agregar valor aos mais diversos produtos, tornando-se, assim, peças-chave para a competitividade estratégica e o desenvolvimento social e econômico de uma nação.

Os desafios atuais exigem direções baseadas em redes de aprendizagem e inovação, somadas à sinergia entre instituições, a fim de produzir vantagens mútuas. Nesse cenário, a gestão estratégica do conhecimento é ferramenta importante para o subsídio ao processo decisório relativo à determinação de normas e diretrizes, com o intuito de conquistar vantagens competitivas no mercado globalizado.

As tecnologias que se utilizam, de uma forma ou de outra, de algum tipo de inteligência, cujo objetivo na organização é facilitar a tomada de decisão do indivíduo, são chamadas de tecnologias do conhecimento. Não obstante, existem outros tipos de tecnologias do conhecimento que facilitam o aprendizado do indivíduo, sejam elas utilizadas nas organizações ou em programas de educação a distância. Porém, todas têm a ver com o uso de computadores e da informática.

É importante lembrarmos que são os indivíduos que projetam e implementam (põem em funcionamento) as tecnologias da informação nas organizações, necessitando para isso de uma série de pré-requisitos, tais como conhecimento técnico e sistêmico e informações sobre a organização, entre outros.

Uma das mais complexas implementações de tecnologias do conhecimento nas organizações são os sistemas de informação. Para que tanto as organizações como os indivíduos tenham retorno e resultados positivos e construtivos nesse projeto, é preciso considerar e conhecer uma série de tópicos, como os processos em si realizados pelas empresas, a cultura organizacional e a gestão da informação existente na organização.

Para tanto, é indispensável o surgimento de um novo indivíduo, capaz de conduzir toda essa complexidade de forma simples e eficaz, sendo necessário o apoio e o comprometimento de todos os envolvidos na organização, sem exceção, lutando por um mesmo objetivo.

Assim, faz-se necessário o surgimento e o desenvolvimento de novas organizações, de um novo modelo de sistema educacional e de uma nova educação transdisciplinar para a sociedade, bem como o desenvolvimento de um novo indivíduo, com uma nova mentalidade e capaz de atuar de forma ética.

Assim, vê-se que é de fundamental importância a conscientização dos funcionários, por meio da participação e incentivo do corpo executivo, acerca de todo e qualquer processo de mudança e reestruturação que esteja sendo difundido nas organizações. Evidentemente, isso precisa ser feito preservando-se assuntos e itens de relevância estratégica, como novos direcionamentos de mercado, por exemplo, para que não se comprometam a imagem e a linha de ação da organização.

A utilização dos sistemas de informações por parte das organizações indubitavelmente gera algum transtorno, porque a maioria das atividades realizadas contempla a utilização desse tipo de tecnologia, sobrando mais tempo para o profissional se dedicar a outras atividades, como análises e otimização de processos e estatísticas.

O mundo passa por um processo turbulento e complexo que influencia diretamente o que acontece nas organizações. Assim, há uma grande necessidade de que o indivíduo envolvido nesse contexto de mudança saiba minimizar os impactos e as desavenças que surgirem. Para tornar esse argumento possível, é fundamental o início de uma liderança transformadora que parta de um novo tipo de consciência e que, na sua procura pela excelência, estimule a intuição, a criatividade e o trabalho em equipe – e é aí que a educação pode ajudar.

Todo processo de mudança e transformação traz consigo turbulências que precisam ser administradas para a sustentação do próprio meio em que ocorrem. Assumindo a organização como esse meio e considerando-a uma unidade sistêmica, ter-se-á se estabelecido um cenário complexo por causa das inter-relações que ocorrem nas unidades e entre elas: cada evento que ocorre estará relacionado a outros inúmeros eventos, influenciando e sendo influenciado por eles. Assim, é possível perceber os impactos provocados pela crescente preocupação ambiental que desencadeou ações nas esferas políticas, governamentais, empresariais e comportamentais dos indivíduos.

A evolução do saber rediscute a relação entre a realidade e o conhecimento, buscando não só completar o conhecimento da realidade existente, mas também orientar a construção de uma nova organização social, que não seria a projeção para o futuro das tendências atuais. É nesse sentido que as questões ambientais (o que realmente agrega valor aos indivíduos) abrem novas possibilidades a partir do reconhecimento de potenciais ecológicos e tecnológicos, em que se misturam os valores morais, os saberes culturais e o conhecimento científico da natureza na construção de uma nova racionalidade.

A espiritualidade – isto é, um indivíduo mais consciente para com sua espécie – e o autoconhecimento são muito próximos e importantes, pois estimulam ações de transformação pessoal e, consequentemente, de seus ambientes. Na medida em que a empresa desenvolve com maior clareza sua missão e visão, estará revelando suas intenções reais, que precisam ter uma dimensão de transcendência, de servir a uma causa maior. Quando as pessoas se conectam à dimensão espiritual de suas tarefas diárias, novos significados surgem.

O que aprendemos ao longo da vida é indispensável, não podendo ser pago o conhecimento que adquirimos; por isso, é importante levar a sério a gestão do conhecimento nas organizações. Nossa inteligência nunca será um fardo a ser carregado, portanto, para nós, o aprender nunca será demais – é o próprio bem do ser humano, enquanto sociedade do conhecimento.

No entanto, o aprendizado somente se torna válido quando o colocamos em prática. De nada adianta acumular conhecimento e juntar informações se não os trocarmos com as outras pessoas e com o próprio universo.

O indivíduo moderno deve apresentar uma capacitação sistêmica não só para a organização e seus processos internos, que são inter-relacionados (com ou sem sistemas de informação), mas para com todo o ambiente. Dessa maneira, necessitamos evoluir a forma de aprendizagem, pautada em uma abordagem de pensar e fazer educação, partindo-se da consciência crítica coletiva para ações individuais, que produzam respostas coletivas ao longo do processo de construção do saber. Evidentemente, essa construção poderá ser originada em ações ou processos empíricos, porém é necessário conservar o compromisso da responsabilidade e da ética em tudo que se pretenda criar, desenvolver ou inovar.

Para tanto, o uso de uma metodologia na implementação de sistemas de informação é extremamente importante para a aplicação de mudanças nas organizações pois, sem um direcionamento, o sucesso da mudança e o próprio uso do sistema de informação estarão comprometidos.

Outro fator importante é o treinamento: são de extrema relevância a criação e a manutenção de uma política em treinamento de todo o aparato tecnológico existente na organização, considerando-se o que existe no mercado e as suas tendências. Tudo deve ser levado em consideração. É preciso que haja um acompanhamento, por meio de pesquisas sobre tendências, da evolução tecnológica em ferramentas computacionais e em sistemas de informação – e isso deve ser feito pelos responsáveis pela tecnologia nas organizações.

Precisamos conceber uma nova visão do processo de mudança causado pela presença da tecnologia e dos sistemas de informação na organização. Trata-se da necessidade de compreendermos os processos intrínsecos funcionais da organização (integrabilidade das funções e atividades dos departamentos da organização), de uma maneira mais responsável e humana, auxiliada pela fundamentação e aplicação da gestão da informação e do conhecimento.

Acreditamos que a mudança deva ser evolutiva, com a participação real dos indivíduos no processo de implementação de novas tecnologias do conhecimento nas organizações.

Estamos nos defrontando com um processo de mudança embasado em uma metodologia, na qual é de fundamental importância a comunicação entre as pessoas e os processos que estão envolvidos na organização.

Como exemplo, uma ferramenta metodológica muito utilizada na implementação de sistemas de informação no mercado europeu e mundial é a criada pela SAP. Introduzida nos Estados Unidos em 1995, a metodologia ASAP[1] (*acceleratedSAP*) para implementação de sistemas de informação foi elaborada a partir das melhores práticas de implementação do sistema R/3, fornecendo ferramentas, questionários e técnicas para explorar a potência dos modelos já desenvolvidos com o produto.

Para maior visualização e entendimento, a SAP determinou cinco etapas importantes no caminho do *acceleratedSAP*, contemplando uma implementação orientada para processos de negócios na organização:

1 > Preparação do projeto;

2 > Desenho do negócio;

3 > Realização;

4 > Preparação final;

5 > Entrada em operação e suporte.

Cada etapa dessa metodologia disponibiliza explicações detalhadas de como o usuário deve proceder, auxiliando-o a definir claramente o modo mais simples de realizar e maximizar a eficiência do processo de implementação.

O objetivo dessa metodologia não se destina às empresas que buscam uma reengenharia, mas às organizações interessadas em uma implementação baseada nas melhores práticas de utilização do próprio sistema de informação R/3.

---

1 Para mais informações sobre a tecnologia ASAP, consulte o *site* www.sap.com e o Anexo 1 – A metodologia *acceleratedSAP*, disponível na página deste livro no site da Cengage.

Mostramos, na Figura 1.1, o modelo das fases de implementação da metodologia *acceleratedSAP*.

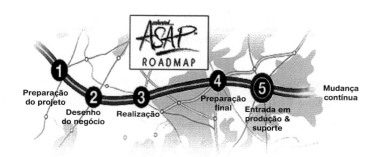

Figura 1.1 > AcceleratedSAP roadmap.

Fonte: ASAP Metodology for implementation, SAP AG.

O importante a destacar e que veremos a seguir é que não nos basta a utilização de uma ferramenta metodológica apenas, sem que haja o comprometimento de fato dos indivíduos em um processo de mudança. Talvez essa seja a maior dificuldade de se efetuar qualquer tipo de inovação e ou evolução, tanto nas práticas organizacionais como também em nossa própria vida.

DESENVOLVIMENTO DA ORGANIZAÇÃO

2.1 Gestão do conhecimento

A revolução da informação vem acelerando nos últimos anos, podendo ser muito benéfica para o desenvolvimento de nossa sociedade, desde que se consiga obter equilíbrio entre a informação, o conhecimento e a sabedoria. No plano econômico, tais mudanças terão muitos reflexos na sociedade: as pessoas deverão ser mais criativas, participativas e envolvidas, processo que será determinante no seu futuro. Existe um contexto socioeconômico independentemente dos resultados futuros da economia trazidos à tona, hoje, pela internet, uma ferramenta muito utilizada pelas empresas.

O nome internet vem de *internetworking* (ligação entre redes). Embora seja geralmente pensada como uma rede, ela é, na verdade, o conjunto de todas as redes e *gateways* que usam protocolos TCP/IP. A internet é o conjunto de meios físicos (linhas digitais de alta capacidade, computadores, roteadores etc.) e programas (protocolo TCP/IP) usados para o transporte da informação. A Web é apenas um dos diversos serviços disponíveis na internet e as duas não são sinônimos. Fazendo uma comparação simplificada, a internet seria o equivalente à rede telefônica, com seus cabos, sistemas de discagem e encaminhamento de chamadas, e a Web se assemelha a um telefone utilizado para comunicação de voz, embora o mesmo sistema também possa ser usado para a transmissão de fax ou dados.

Para Srour (1998), a era da chaminé (ou da máquina) foi superada. Assim, não haveria mais razões para falar de civilização industrial, mas de uma economia supersimbólica que se baseia nos computadores e na troca de dados e informações. O autor apura um mesmo estatuto teórico atrelado a três tendências: a atual, denominada terceira e que corresponde a uma revolução da informação; a segunda, identificada como Revolução Industrial; e a primeira, entendida como revolução agrícola.

Hoje devemos nos preocupar com o indivíduo que está à procura de determinados processos-chave motivacionais. A organização que não investir em seus recursos humanos não terá sucesso. Nesse cenário, acreditamos na teoria da gestão do conhecimento, para a qual as empresas se voltaram com o intuito de entender, organizar, controlar e lucrar com o valor intangível do conhecimento. No entanto, gestão do conhecimento ainda é uma área nebulosa no cruzamento entre teoria da organização, estratégia de negócios, tecnologia da informação e a própria cultura organizacional.

Nas organizações, a questão da gestão do conhecimento pode ser vista como um grande processo análogo à qualidade total (mas certamente é bem mais que isso), pois quem garante a qualidade é o próprio indivíduo, por meio da execução de suas tarefas no trabalho.

Estimativas de especialistas internacionais revelam que, nos próximos anos, as empresas irão gastar mais com gestão do conhecimento do que gastaram com qualidade ou com processos de reengenharia. Muitos pensadores da administração, como Nasbitt e Drucker, já falavam, desde 1980, na grande revolução da era da informação (DAVENPORT e PRUSAK, 1998).

Outros autores já traziam, nessa época, a questão da inovação para o centro das discussões estratégicas nos negócios, como é o caso da reengenharia de processos.

As principais preocupações, nesse momento, em muitas organizações, dizem respeito à estabilização do mercado, projetos de ERP (*Enterprise Resource Planning*) e projetos para internet (como grandes portais, entre outros); entretanto, a maioria das empresas ainda não começou a desenvolver projetos na área de gestão do conhecimento.

No caminho da implementação da gestão do conhecimento, seja qual for a estratégia adotada, haverá muita dificuldade, muitos obstáculos, muitos esforços e investimentos, pois não é somente em recursos materiais e financeiros que reside a maior dificuldade, mas no envolvimento e na participação dos indivíduos no processo de implementação.

Investir em gestão do conhecimento só vale a pena para as empresas que desejam resultados a longo prazo – e que ainda pretendam estar no negócio daqui a alguns anos. Se o conhecimento das pessoas na organização não faz parte do modelo de seu negócio, se a gestão da empresa não vê o conhecimento das pessoas agregando valor aos seus clientes, se na organização o lado do "capital" enxerga o lado do "trabalho" apenas pela sua utilidade imediata, então pouco importa a estratégia que será utilizada.

Muita atenção está sendo dada à "cadeia alimentar da informação": dado, informação, conhecimento. Agora, descobre-se o valor, antes negligenciado, dos recursos intangíveis, como marcas, imagem, conhecimento.

Evoluindo no pensamento organizacional, deixa-se para trás a visão do homem máquina e discute-se o trabalhador do conhecimento, que deixa cada vez mais de realizar atividades manuais (rotineiras), passando a tomar as devidas decisões, atuando como um indivíduo ético, mais consciente, responsável e participante.

Alguns autores definem *dado* como uma sequência de símbolos quantificados ou quantificáveis, na qual um texto é um dado e dados também podem ser fotos, figuras, sons gravados e animação. Lembremos que podem ser quantificados a ponto de se ter, eventualmente, dificuldade de distinguir sua reprodução, a partir da representação quantificada, do original e da informação como uma abstração informal (isto é, não pode ser formalizada por uma teoria lógica ou matemática), que está na mente de alguém, representando algo significativo para essa pessoa. Se a representação da informação for feita por meio de dados, poderá ser armazenada em um computador.

Uma distinção fundamental entre dado e informação é que o primeiro é puramente sintático, e o último contém necessariamente semântica (implícita na palavra "significado", usada em sua caracterização). É interessante notar que é difícil introduzir e processar semântica em um computador porque a máquina é puramente sintática, a não ser quando a abordagem discutida é a inteligência artificial.

2.2 Mercado atual e mudanças

Na nova economia, os dados estão em formato digital: *bits*. Para Tapscott (1997), quando a informação é digitalizada e comunicada por meio de redes digitais, revela-se um novo mundo de possibilidades, no qual quantidades enormes de informação podem ser comprimidas e transmitidas na velocidade da luz, pois sua qualidade pode ser muito melhor que nas transmissões analógicas. Para esse autor, muitas formas diferentes de informação podem ser combinadas, criando-se, por exemplo, documentos multimídia. As informações podem ser armazenadas e recuperadas instantaneamente de qualquer parte do mundo, propiciando, consequentemente, acesso imediato à maior parte das informações registradas pela civilização humana.

Em uma organização de serviços, por exemplo, cujo principal ativo é o conhecimento coletivo sobre os clientes, os processos de negócio são cada vez mais importantes para vencer a concorrência. As informações, tendo em vista essa conformidade, são as matérias-primas do trabalho de cada indivíduo na organização. Assim, cresce cada vez mais a ênfase na "espiral do conhecimento", nas diversas ações possíveis, tendo como base conhecimentos específicos sobre métodos, técnicas e ferramentas de gestão da informação.

As principais ferramentas tecnológicas utilizadas atualmente são: CRM (*Customer Relationship Management*), que aborda o relacionamento com os clientes em geral, realizando o *marketing one to one* ou *one to many*; *data mining*, que tem como objetivo explorar estatisticamente os dados; ferramentas de LMS *(Learning Management System)*, que gerenciam transações em educação a distância; e *data warehouse*, depósito de dados.

A expressão CRM reflete o uso da informação como recurso para conquistar e reter clientes por meio do diálogo, o que permite criar relações duradouras e mutuamente vantajosas entre clientes e empresas. A utilização eficaz dos dados dos clientes, a adoção de um sistema fechado de conversação com a empresa e a análise dos benefícios qualitativos e quantitativos para ambas as partes são três dos mais importantes fatores nesse conceito. Em suma, o objetivo do CRM é fazer com que os consumidores e suas necessidades sejam os maiores impulsionadores do comportamento organizacional.

O LMS é um *software* que automatiza a administração dos eventos de treinamento, registrando usuários, trilhando cursos em um catálogo e gravando dados de alunos. Além disso, por seu desenvolvimento, pode lidar com cursos em forma de múltiplas publicações e em provedores distintos. Usualmente, não inclui capacidade própria de autoria; ao contrário, foca apenas a compatibilidade de cursos criados.

Os sistemas de gestão de aprendizado administram e armazenam os conteúdos de cursos *on-line* e ministrados em classe, como também de outros processos de capacitação. Um projeto de LMS típico permite que seja utilizado por diferentes equipes (instituição, tutores e especialistas em tecnologia). Temos como referência de LMS o *software* Docent.

Muitas vantagens devem ser levadas em consideração em qualquer empresa ou instituição que tem como objetivo implementar um LMS:

> *administração fácil:* a plataforma pode ser gerenciada pelo setor administrativo, dado que requer somente um conhecimento básico de informática, sob a ótica de utilizador;
> *navegação fácil:* as aplicações são desenhadas e inteiramente orientadas para o utilizador, tanto na arquitetura da informação como na interface de acesso;
> *integração fácil:* baseada na tecnologia utilizada e na sua modularidade;
> *adaptação:* suporta tanto um número reduzido de utilizadores como um ambiente empresarial com cursos pela internet.

A organização precisa tanto de agilidade, iniciativa, capacidade de se modificar e de se adaptar continuamente quanto de confiabilidade, constância e permanência de seus sistemas de informação. Ela precisa de clareza e de transparência. O atendimento às suas necessidades passa pela solução dessas questões e é de fundamental importância no processo de formação do "trabalhador" do conhecimento.

Estamos passando, hoje, da repetição do trabalho manual para a inovação. O dinamismo se tornou uma categoria central no mundo atual, intimamente associado ao comportamento das pessoas na sociedade e nas organizações. Essas mudanças são particularmente incisivas no mundo do trabalho, em que todas as áreas da organização precisam ser repensadas.

As pessoas devem estar convencidas da nova forma de trabalho e da necessidade da mudança, a fim de encarar seu próprio papel na organização. À medida que se intensifica o fluxo de informações no mundo (troca), as pessoas são cada vez mais bombardeadas com informações por diversas mídias – os indivíduos estão conectados ao restante do mundo por telefone, televisão, fax, correio eletrônico, blogues, redes sociais, entre outros –, propiciando o crescimento do ritmo das mudanças.

Portanto, no cenário contemporâneo, administrar envolve uma gama muito mais abrangente e diversificada de atividades que no passado. A ênfase na gestão vem da necessidade de aperfeiçoar continuamente os processos de negócio, por meio do aprendizado e da inovação permanentes. No contexto da administração, estamos na era do destaque do talento das pessoas, da atualização permanente e da importância do trabalho em equipe.

Assim, a evolução da empresa precisa considerar três pontos fundamentais:

> *visão estratégica:* a forma como a empresa percebe a evolução do ambiente em que atua e como se vê no cenário futuro;

> *cultura organizacional:* como os valores e pressupostos básicos das pessoas que atuam na organização interagem com essa visão estratégica e como as pessoas se posicionam diante da inovação;
> *tecnologia:* como os recursos tecnológicos disponíveis podem ser usados pela empresa na realização de sua visão estratégica, considerando sua cultura organizacional.

Os sistemas de informação, ao longo dos tempos, evoluíram para acompanhar a sofisticação da gerência de negócios. A ênfase nesses sistemas de informação é dada na validação dos dados, visando à sua maior qualidade e depuração. Sem uma metodologia adequada, não é possível obter qualidade. E sem qualidade de informações, não é possível obter inteligência competitiva em uma organização.

A implementação de ferramentas para gerenciar o conhecimento impõe mudanças de perfis profissionais nas empresas e novas maneiras de encarar o trabalho. Portanto, é necessário seguir algumas etapas, de modo a adaptar os funcionários à nova gestão empresarial. Os executivos necessitam, primeiro, preparar as estruturas organizacionais para a questão da gestão do conhecimento, como segue:

> *gestão de processos:* repensar os processos da empresa;
> *formação do trabalhador do conhecimento:* rever o perfil profissional das pessoas na empresa e no mercado de trabalho;
> *dimensão do trabalho:* a passagem do trabalho manual para o intelectual em um momento em que a maioria das tarefas repetitivas já é assumida por máquinas indica que a relação da pessoa com o trabalho se altera, assim como será mudado o que ela precisa saber para trabalhar.

Quando implementamos um sistema de informação em uma organização ou apenas trocamos uma tecnologia (ferramenta computacional), necessitamos trabalhar ao máximo a gestão do conhecimento interno. Não nos basta apenas "trocar o sistema" ou "trocar a tecnologia", temos de preparar os indivíduos e as organizações metodologicamente a fim de termos o máximo de ganho estrutural e conceitual nas novas tecnologias.

O conceito de processo empresarial associa-se à ideia de cadeia de valores com a definição de fluxos de valor: uma coleção de atividades que envolvem a empresa de ponta, com o propósito de entregar um resultado a um cliente ou a um usuário final.

Esse cliente pode ser tanto interno como externo à organização. Torna-se uma coleção dos fluxos de valores voltados à satisfação das expectativas de um determinado grupo de clientes (GONÇALVES, 2000).

As mudanças, atualmente, são grandes, abrangendo todos os campos. A sociedade assiste e também participa de um processo muito veloz, em que a única constante é a mudança. Para Pereira (2002), algumas empresas estão criando parcerias com pessoas que têm interesse nas ações empresariais, os chamados *stakeholders*, tais como clientes, empregados, acionistas, fornecedores, governos, comunidade em geral e grupos de interesse popular.

A partir de uma visão estratégica fundamentada de uma análise estrutural da empresa, principalmente no que tange a novos entrantes e produtos substitutos – e de uma avaliação da cadeia de valor agregado –, a organização busca identificar oportunidades de diferenciação e redução de custos, por meio da aplicação de novas tecnologias e processos em que a atividade de prospecção deve ser permanente na empresa. A inovação é uma das características marcantes dos líderes de mercado no cenário atual.

Em todo o mundo, a meta de alcançar níveis elevados de produtividade e de qualidade está sendo considerada uma das grandes prioridades das empresas. Essas duas condições devem, além de se tornar permanentes, crescer com o decorrer do tempo. No Brasil, por exemplo, tudo indica que estamos experimentando um período de busca incessante da excelência em termos de qualidade e produtividade.

Geralmente, a mudança esbarra em dois fatores que funcionam como obstáculos intransponíveis para que as pessoas possam atuar como agentes ativos da mudança organizacional: a qualidade e a produtividade, as principais metas administrativas. A inovação, a melhoria da qualidade e o aumento da produtividade requerem ação, implicando algo diferente a ser feito em relação ao que se fazia anteriormente.

O primeiro fator tem a ver com a organização do trabalho. Até o início da década de 1980, a maioria dos nossos executivos ainda adotava paradigmas de produção inventados há mais de cem anos. O sistema norte-americano de produção, com ênfase no mercado de massa, no desenho padronizado, nos grandes volumes e nos ganhos de escala, revolucionou a indústria no início do século XX. O homem era apenas um apêndice do sistema. A organização do trabalho, em vez de obter cooperação e gerar sinergia, passou a limitar e a restringir os esforços das pessoas.

O segundo fator decorre da cultura que predomina nas nossas empresas. Antes, a expectativa era de que cada pessoa faria o melhor possível por seus próprios méritos, independentemente da ajuda de terceiros. Era a época da ênfase no trabalho individual, na especialização e na autoconfiança, subordinados à coletividade da qual a pessoa fazia parte.

A empresa deve proporcionar uma nova cultura organizacional, de inovação, de participação e de envolvimento emocional de todas as pessoas no seu negócio, por meio do esforço coletivo e do trabalho em equipe. Também deve proporcionar novos paradigmas e uma nova mentalidade a respeito do seu negócio e do envolvimento de todas as pessoas na sua consecução, autoridade e responsabilidade para inovar e resolver seus problemas operacionais.

Isso tudo representa uma profunda mudança na cultura organizacional, mudança essa que deve proporcionar liderança na inovação e na orientação quanto à utilização das técnicas de solução de problemas.

O senso semiótico, segundo Andersen (1997), é pertinente quando comparado à organização: "os membros pertencentes a uma organização recebem suas identidades trazidas pelas funções similares a essa mesma organização e pela diferença concebida por outros membros internos".

A empresa precisa assegurar a ação, a longo prazo, de seu programa de inovação e de melhoria da qualidade e da produtividade, e este não deve ser meramente temporário ou durar apenas enquanto existirem certos problemas. Esse processo requer apoio e liderança contínuos por parte da alta direção, bem como aplicação de técnicas adicionais de solução dos problemas, que vão sendo descobertos e desenvolvidos ao longo do tempo.

A organização também necessita proporcionar novas conquistas, desafios e estímulos para fazer da inovação, da qualidade e da produtividade o despertar da consciência das pessoas. As mudanças nas organizações devem partir dos profissionais da alta direção com maior visão estratégica do negócio e mais atentos às necessidades do mercado. Espera-se desse profissional competência, qualidade e lealdade para gerir as inovações e os avanços. Essa mudança precisa ser vista como uma oportunidade de evolução pessoal, que supostamente levará à profissional.

Para Gubman (1999), a extensão e o tipo de mudança muitas vezes andam juntos, e quanto maior for a mudança, mais diferentes e complexos o foco e a complexidade. Podemos perceber esse enfoque visualizando o Quadro 2.1.

Quadro 2.1 ⊗ Relação entre a extensão, o foco e a complexidade da mudança

EXTENSÃO DA MUDANÇA	FOCO DA MUDANÇA	COMPLEXIDADE E TIPO DE MUDANÇA
Pequena	Processo ou conteúdo	Retificação ou melhoramento de algumas das coisas que já se faz: um ou dois métodos precisam ser realinhados ou há apenas alguns hiatos que precisam ser tratados. Isso é desenvolvimento da organização.
Média	Processo e conteúdo	Um método ou processo gigantesco precisa de um exame minucioso, e isso afetará vários outros métodos, ou vários métodos e processos precisarão ser mudados ao mesmo tempo, o que dará muito trabalho. Trata-se de uma mudança de sistemas inteiros.
Grande	Processo, conteúdo e contexto	Toda a maneira de fazer negócios precisa mudar: ou você renova a estratégia empresarial básica e alinha quase todos os processos ou métodos para fazer isso, ou precisará mudar a proposição de valor e começar tudo de novo. Isso é transformação.

Fonte: GUBMAN, E. *Talento*: desenvolvendo pessoas e estratégias para obter resultados extraordinários. Rio de Janeiro: Campus, 1999.

Uma organização que queira ou necessite mudar efetivamente e de maneira rápida e segura deve ser capaz de, segundo Schein (1992): 1) importar informações de forma eficiente, dando-nos a ideia de autonomia; 2) repassá-las aos lugares certos da organização, para que as demais pessoas possam analisá-las e tomar as devidas decisões corretamente, dando-nos a ideia do processo de comunicação, desde que esta nos dê confiabilidade; 3) efetuar as mudanças e transformações necessárias para que as novas informações sejam contabilizadas, dando-nos a ideia de elaboração; 4) dar *feedback* (retorno) dos impactos causados e sentidos na organização e em seu ciclo de informação interna, dando-nos a ideia de um ambiente sistêmico.

A tecnologia da informação tem um papel importante no processo de mudança que ocorre na organização; porém, trata-se de um processo crítico que deve ser encarado de forma prioritária, devendo ser apoiado pela alta direção da organização. Portanto, é necessário um estudo mais detalhado da cultura organizacional.

2.3 A cultura e a liderança organizacional

As pessoas e seus conhecimentos são a base, a coluna vertebral de uma empresa. Sem profissionais motivados, treinados e qualificados, a empresa perde seu propósito e eficiência. Assim, uma organização jamais obterá inteligência competitiva se não tiver profissionais qualificados.

Na era do conhecimento, busca-se o homem global, o homem integrado e generalista. O enfoque do papel das pessoas na organização e do valor do seu conhecimento mudou, demandando novas tecnologias de gestão. Nas organizações, o conhecimento se encontra não apenas nos documentos, bases de dados e sistemas de informação, mas também nos processos de negócio, nas práticas dos grupos e na experiência acumulada pelas pessoas. O conhecimento da empresa, da competição, dos processos, enfim, do ramo de negócio, está por trás da tomada de milhões de decisões estratégicas e operacionais ao longo dos anos.

Para Nonaka e Takeuchi (1997), os estudos da cultura organizacional lançaram luz sobre a organização como um sistema epistemológico (estudos da ciência) e, além disso, destacaram a importância de fatores humanos, como, por exemplo, valores, significados, compromissos, símbolos e crenças, abrindo caminho para pesquisas mais sofisticadas sobre o aspecto tácito do conhecimento. Esses estudos reconheceram que a organização, como um sistema de significado compartilhado, pode aprender, mudar e evoluir ao longo do tempo por meio da interação social entre seus membros, entre si mesma e o próprio ambiente.

A ponte da gestão do conhecimento se dá, para os autores, justamente pela cultura organizacional. A mudança ocorre conforme a necessidade da competição no mercado, numa visão de curto prazo. Nesse cenário, cada vez mais o profissional global é exigido em virtude de seu entendimento do negócio, sua visão da concorrência e seu conhecimento da tecnologia disponível. E, como é possível perceber, o poder do conhecimento das pessoas vem ultrapassando a força bruta das coisas.

As pessoas nascem, crescem e vivem em um ambiente social e dele recebem complexa e contínua influência no decorrer de toda a sua vida. A cultura representa o ambiente de crenças e valores, costumes e tradições, conhecimentos e práticas de convívio social e de inter-relacionamento.

Para Fleury (1992), cultura organizacional é o conjunto de pressupostos básicos que um grupo inventou, descobriu ou desenvolveu ao aprender como lidar com os problemas de adaptação externa e integração interna, que funcionaram bem o suficiente para ser considerados válidos e transmitidos a novos membros como a forma correta de perceber, pensar e sentir esses problemas. A autora atribui maior importância ao papel dos fundadores da organização no processo de moldar seus padrões culturais: os primeiros líderes, ao desenvolver formas próprias de equacionar os problemas da organização, acabam por imprimir sua visão de mundo aos demais, bem como a visão do papel que a organização deve desempenhar no mundo.

As questões relacionadas à cultura organizacional residem na possibilidade de compreender que a organização é um processo em construção, no qual a complexidade faz parte do cenário organizacional.

A questão do clima organizacional também merece atenção especial, pois não conseguiremos implementar novas tecnologias do conhecimento sem a participação efetiva das pessoas, ou seja, é de fundamental importância todo um cenário positivo e concordante para que a tecnologia e os sistemas de informação sejam implementados.

Campbell et al. (1970) definem clima organizacional como um conjunto de atributos específicos de uma organização em particular, que pode ser influenciado pela forma como ela lida com seus membros e seu ambiente. Para cada indivíduo na empresa, o clima assume a forma de um conjunto de atitudes e expectativas que a descrevem em termos tanto de características estáticas (grau de autonomia, por exemplo) quanto de variáveis comportamentais de resultado (eventos de saída). Estudos dos mesmos autores apontam que o clima organizacional seria uma descrição da situação da organização e, como tal, deveria conter variações significativas entre os grupos que a integram.

Para Harman e Hormann (1993), a cultura é uma força poderosa, mas que se esquiva quando se trata de implantar mudanças de natureza transformadora nas organizações. Assim, o papel da cultura que influencia o comportamento não pode ser simplesmente ignorado. Os autores sugerem que é preciso estar consciente do "sistema imunológico da empresa", que "tenta matar tudo aquilo que lhe parece estranho". A cultura é, então, uma força poderosa na manutenção do *status quo* do indivíduo.

À medida que as organizações sedimentam suas identidades, podem iniciar transformações mais amplas na ecologia social a que pertencem. Podem estabelecer as bases para a própria destruição, ou então podem criar as condições que lhes permitirão evoluir com o ambiente. Entretanto, muitas empresas devoram sua sobrevivência futura, criando oportunidades para que novos padrões de relações emerjam, mas à custa da sua própria existência futura (MORGAN, 1996).

Organizações egocêntricas consideram a sobrevivência muito mais dependente da conservação de sua identidade estreitamente autodefinida e fixa que da evolução menos rígida e aberta da identidade do sistema ao qual pertencem. É frequentemente difícil para elas abandonar identidades e estratégias que as criaram ou que forneceram as bases para o sucesso no passado, apesar de ser isso o que a sobrevivência e a evolução quase sempre requerem.

Já para Collins e Porras (1995), um passo importante para a criação de uma empresa visionária não é agir, mas mudar o ponto de vista do indivíduo, tendo como apoio e referência as necessidades e aspirações humanas, por meio de sua consciência. Não obstante, a busca do progresso, para os autores, é proveniente de uma profunda necessidade humana, como explorar, criar, descobrir, alcançar, mudar, melhorar.

Entretanto, assim como ocorre na natureza, muitas linhas de desenvolvimento organizacional podem se revelar becos sem saída. Apesar de viáveis e da possibilidade de obter considerável sucesso por um dado período, determinadas organizações podem experimentar uma mudança na sorte como resultado daquilo que são – e como resultado da ação e da passividade que esse senso de identidade encoraja.

Concepções menos egocêntricas de identidade facilitam esse processo à medida que solicitam que as organizações percebam que são muito mais do que elas mesmas. Ao considerar que os fornecedores, o mercado, a força de trabalho, a coletividade local, nacional ou internacional e até mesmo a competição são, na verdade, partes do mesmo sistema de organização, torna-se possível partir em direção a uma apreciação de interdependência sistêmica, bem como estimular suas consequências.

As pessoas têm suas identidades construídas a partir de seu legado do entorno – seja ele familiar ou escolar – e, por meio das experiências próprias, passam por um período de apropriação ou não desse manto de legitimação, construído no caldo da cultura em que estão imersas. Compreender o indivíduo significa compreender o ponto de vista em que está colocado. Portanto, a mudança nunca pode estar predefinida: ela é construída com e pelo sujeito.

Como foi exposto, percebe-se que, em todos os níveis da organização, fala-se no novo papel das pessoas. A velocidade e, principalmente, a direção das mudanças são condicionadas pela competição imediatista entre interesses alheios à compreensão e ao controle dos indivíduos. Assim, talvez a verdadeira questão não seja como aproveitar melhor o tempo no sentido utilitário das novas tecnologias da informação e da comunicação, mas talvez o interessante seja recuperar o controle sobre o tempo moderno, adaptando seu ritmo e redescobrindo o espaço da reflexão e da ociosidade.

Para Davenport e Prusak (1998), as principais atividades relacionadas à gestão do conhecimento em geral são: compartilhar o conhecimento internamente, atualizar o conhecimento, processar e aplicar o conhecimento para algum benefício organizacional, encontrar o conhecimento internamente, adquirir conhecimento externamente, reutilizar conhecimento, criar conhecimentos e compartilhar o conhecimento com a comunidade externa à empresa.

Ainda segundo esses autores, a gestão do conhecimento não é uma pura e simples extensão da tecnologia da informação, em que é preciso sair do patamar do processamento de transações, da integração da logística, por meio do *workflow* e do comércio eletrônico, e agregar um perfil de construção de formas de comunicação, de conversação e de aprendizado no trabalho, de comunidades de trabalho e de estruturação e acesso às ideias e experiências. Para que isso realmente aconteça, é necessário muita vontade e determinação por parte do indivíduo e, principalmente, a ação e o bom exemplo em relação a essas ações.

O papel a ser desempenhado pela tecnologia da informação é estratégico: ajudar o desenvolvimento do conhecimento coletivo e do aprendizado contínuo, tornando mais fácil para as pessoas na organização compartilhar problemas, perspectivas, ideias e soluções. Dessa maneira, os sistemas de informação para apoio à gestão do conhecimento têm o objetivo de promover simultaneamente nas empresas a produtividade e o aprendizado. A tecnologia da informação não substitui a rede humana, sendo importante estarmos cientes das limitações das tecnologias em qualquer programa de gestão do conhecimento. As tecnologias da informação são apenas o meio condutor, isto é, o sistema de armazenagem para a troca de conhecimentos, não criando saberes, não garantindo nem promovendo a geração de conhecimento ou a sua partilha numa cultura empresarial que não o favoreça.

A tecnologia é, sem dúvida, uma forte aliada na distribuição do saber nos ambientes corporativos, mas vale a pena ressaltar que a diferença essencial é que o saber está no interior das pessoas, provendo determinada complexidade pelo fato de estar associado a cada uma delas. O conhecimento envolve o estabelecimento de relações entre informações isoladas. Se pensarmos nesse sentido, muito do que é chamado conhecimento é apenas informação desconectada: conceitos vazios a serem memorizados e esquecidos. A informação é descartável, justamente por não ter vínculos nem com outras informações nem com o conhecimento, mas, sobretudo, por não termos com ela vínculos emocionais (GUERRA, 2001). É necessário, portanto, ter vontade, emoção e volição, por meio do indivíduo, para que haja a evolução do ser humano.

A partir dos fundamentos trazidos pela teoria da informação, podemos esboçar o seguinte fluxo do conhecimento e da sabedoria:

COMUNICAÇÃO — INFORMAÇÃO — CONHECIMENTO — SABEDORIA

Figura 2.1 > Fluxo da comunicação à sabedoria.

Fonte: GUERRA, C. G. M. *Ampliando a construção da mente.* Disponível em: <http://www.eps.ufsc.br/~cgustavo/transdisciplinar/ mente. html#informacao>. Acesso em: 17 fev. 2001.

O conhecimento é adquirido primeiramente pelo processo de comunicação existente no meio localizado, gerando para ele informações. Por intermédio dessas informações, poderemos adquirir ou não o conhecimento esperado. Isso nos leva a discorrer um pouco sobre a sabedoria, que é desenvolvida pela experiência, não exclusivamente pela inteligência. Assim, precisamos saber dispor do conhecimento e da ação de modo a trazer o máximo benefício para os indivíduos. Se o conhecimento, muitas vezes, nos leva a uma postura arrogante, a sabedoria só é atingida a partir da humildade, podendo ser entendida em virtude da ação associada e no contexto e momento específicos dessa ação. A sabedoria não pode ser expressa em termos de regras, não pode ser generalizada nem transmitida diretamente, sendo inseparável da realização pessoal daquele que busca o saber.

Davenport e Prusak (1998) indicam alguns princípios de gerenciamento do conhecimento que permitem a eficácia na organização:

> promover a consciência do valor do conhecimento buscado e uma vontade de investir no processo que irá gerar;

> identificar quais os trabalhadores de conhecimentos-chave que podem se reunir em um esforço de implementação;

> enfatizar o potencial criativo inerente à complexidade e à diversidade de ideias, encarando as diferenças como positivas em vez de fontes de conflito, evitando, ao máximo, respostas simples para questões complexas;

> tornar a necessidade de geração do conhecimento clara para encorajá-la, recompensá-la e dirigi-la a um objetivo comum.

Dessa forma, o que podemos depreender é que são importantes a conscientização e a participação efetiva das pessoas, bem como um forte apoio redimensionado pela cultura organizacional, isto é, há a necessidade de apoio marcante por parte da alta direção da empresa, o que requer uma mudança de regras e condutas internas. Consequentemente, há uma necessidade de identificação e adaptação de algumas dessas regras, bem como de seu gerenciamento. Para que esse processo realmente aconteça, temos a seguinte metodologia que deve ser aplicada, segundo Davenport e Prusak (1998):

> começar por uma área de alto valor adicionado e desenvolver o projeto com base em experiências anteriores;
> iniciar por meio de um projeto piloto, testando os conceitos e permitindo que a procura defina as iniciativas que serão realizadas posteriormente;
> primeiro, concluir algo;
> trabalhar várias frentes simultaneamente, não somente as tecnologias, como, por exemplo, a organizacional (estrutura);
> não limitar a captação e a circulação do saber; há outros tipos de saber acumulados que não podem ser desprezados, como o *feedback* dos clientes;
> não estar restrito apenas à filosofia das *learning organizations* (organizações do aprendizado são um conjunto de fatores que levam o conhecimento às organizações);
> não confundir captação do saber com digitalização dos dados;
> adaptar os projetos à cultura organizacional da corporação.

Antes, é preciso investigar qual é essa natureza; depois, decidir o estilo de atuação e a base de partida do gerenciamento do conhecimento.

Para Sveiby (1998), há muita discussão hoje sobre as atribuições e as responsabilidades relacionadas com os dados, as informações e o conhecimento na empresa. Os recursos humanos, pelo lado do capital intelectual, do *marketing* pela via da inteligência competitiva e da tecnologia da informação pelo viés da gestão do conhecimento, são áreas em foco no momento. Nesse contexto, o profissional da informação é o protótipo do trabalhador do conhecimento de amanhã.

Para Nonaka e Takeuchi (1997), o conhecimento tácito é pessoal e difícil de ser formalizado, dificultando sua transmissão e seu compartilhamento com os outros. Como exemplo desse tipo de conhecimento, temos conclusões, *insights* e palpites subjetivos.

Esse tipo de conhecimento, para os autores, está diretamente relacionado às ações e experiências de um indivíduo, bem como às suas emoções, valores ou ideias.

Não obstante, é um desafio para os próprios indivíduos fazer com que o conhecimento tácito adquirido possa ser organizado (organizar ideias, conclusões e ações) de forma a ser expressado corretamente e repassado às outras pessoas.

O futuro irá pertencer às empresas que conseguirem explorar o potencial da centralização das prioridades, das ações e dos recursos nos seus processos. Essas empresas do futuro deixarão de enxergar processos apenas na área industrial, sendo organizadas em torno de seus processos não fabris essenciais, e centrarão seus esforços em seus clientes, mas, para que isso aconteça, urge uma atenção especial quanto ao domínio de seus processos internos.

Como a cultura organizacional é uma base de sustentação importante para o uso de novas tecnologias do conhecimento, é importante o surgimento de novos líderes na organização. Não obstante, eles nunca podem estar sozinhos, necessitando sempre ser apoiados pela alta direção da empresa.

Talvez um dos principais papéis para que realmente ocorra o contexto da gestão do conhecimento nas empresas seja o dos administradores da alta direção. Segundo Senge (1997), o líder de uma organização deve atuar como professor, mentor, guia ou facilitador, incentivando as pessoas e a organização, de maneira geral, a desenvolver habilidades fundamentais para a existência de um aprendizado generativo ou capaz de recriar o mundo (controle autônomo, visão compartilhada, modelos mentais e pensamento sistêmico). Além disso, acrescenta Senge, a liderança deve se basear no princípio da tensão criativa, que surge a partir do entendimento das diferenças entre a visão de onde se quer chegar e a realidade. Dessa maneira, consegue-se utilizar a motivação intrínseca das pessoas.

No entanto, isso não quer dizer que a liderança deva ditar a estratégia, mas promover o pensamento estratégico. Nesse sentido, Senge (1997) cita o conhecido caso da Shell, em que os planejadores reconheceram que seu trabalho de construção de cenários começou a exercer impacto quando passou a ser utilizado para promover o aprendizado dos gerentes operacionais. Isso ocorria à medida que os gerentes tinham de pensar em como agir e gerenciar, sob diversos cenários, preparando-se assim, de fato, para o futuro, claramente não previsível.

Como percebemos, a questão da liderança é fator fundamental para a mudança realmente acontecer. Sob a visão da abordagem contingencial (KING e ANDERSON, 1995), diferentes fases do processo de inovação requerem diferentes estilos de liderança. Em outras palavras, o estilo de liderança para gerar ideias relevantes é diferente do estilo adequado para a discussão, implementação ou rotinização da ideia escolhida. O Quadro 2.2 torna esse conceito mais claro ao descrever o comportamento gerencial associado a cada estilo de liderança por fase do processo de inovação.

Quadro 2.2 ❯ Modelo contingencial de liderança em grupos para apoiar o processo de inovação

FASE DO PROCESSO DE INOVAÇÃO	ESTILO DE LIDERANÇA	COMPORTAMENTO GERENCIAL
Iniciação	Estímulo	Cria um ambiente seguro para a geração de novas ideias, mantendo a mente aberta e garantindo um ambiente pouco crítico.
Discussão	Desenvolvimento	Busca opiniões, avalia as propostas, define o plano de implementação e encaminha o projeto.
Implementação	*Championing*	Vende o projeto para todos os grupos afetados e assegura o comprometimento e a participação na implementação.
Rotinização	Validação/ modificação	Avalia efetividade, identifica ligações fracas, modifica e melhora o projeto.

Fonte: KING, N; ANDERSON, N. *Innovation and change in organizations.* Nova York:Routledge, 1995.

Não obstante, para Davis e Newstrom (1998), o sistema de comportamento organizacional mais eficaz tende a variar de acordo com o ambiente organizacional total, em que o comportamento organizacional aplica-se a um relacionamento contingencial.

Observamos que nem todas as organizações necessitam da mesma quantidade de participação, de comunicação aberta ou outra condição qualquer para ser eficaz. Algumas situações permitem uma participação mais extensiva que outras, e algumas pessoas querem mais participação que outras. A partir dessa abordagem, é fundamental entender que as teorias contingenciais e os objetivos que buscam as organizações mais humanas coexistem lado a lado, como ideias conjugadas. Precisamos, entretanto, contemplar um cenário mais humano nas organizações.

Davis e Newstrom apontam no Quadro 2.3 as aplicações das ideias contingenciais aos ambientes estáveis e em mudança.

Quadro 2.3 ❯ Aplicação das ideias contingenciais aos ambientes estáveis em mudança

CARACTERÍSTICA ORGANIZACIONAL	AMBIENTE ESTÁVEL	AMBIENTE EM MUDANÇA
Estrutura	Hierarquia mais rígida	Mais flexível (projetos matriciais)
Sistema de produção	Maior especialização	Maior enriquecimento do cargo
Estilo de liderança	Maior estrutura	Maior consideração
Comunicação	Mais vertical	Mais multidirecional
Modelo de comportamento organizacional	Mais autocrático	Maior apoio
Medida do desempenho	Mais administração por regras	Mais administração por objetivo

Fonte: DAVIS, K.; NEWSTROM, J. W. *Comportamento humano no trabalho:* uma abordagem psicológica. 2. ed. São Paulo: Pioneira, 1998. 2. v.

Percebemos, nesse quadro, a necessidade de as organizações mudarem suas características a fim de propiciar mudanças que venham a ocorrer internamente. Sem o apoio e a evolução dos estilos e características dos indivíduos, essa mudança fatalmente não ocorrerá.

Os mesmos autores identificaram outras cinco dimensões essenciais que proporcionam melhorias no trabalho de um modo especial. Faz-se necessário que o indivíduo (trabalhador) tenha todas elas:

> *variedade de tarefas*: execuções de modo diferente e pela variedade de tarefas propriamente;

> *identidade de tarefas*: identificação do desempenho de uma etapa completa do trabalho;

> *importância da tarefa*: momento no qual o trabalho que é supostamente executado tem um determinado grau de importância;

> *autonomia*: controle dos empregados sobre as suas próprias tarefas;

> feedback: informações retroalimentadas pela própria execução das atividades e/ ou tarefas.

Isso tudo significa que, quanto maior for o ambiente de mudança, maiores devem ser o apoio e a consideração dos dados pela alta direção da organização em relação ao posicionamento do indivíduo em seu trabalho. Supostamente, fica até fácil e claro esse entendimento, em virtude de a organização não ter, em seu propósito, um fracasso esperado e desejado. Porém, busca-se uma questão maior de humanização no trabalho, no dia a dia das pessoas, para que o indivíduo se sinta respeitado em um cenário mais ético, íntegro e transparente, no qual haja participação e colaboração de todos.

Portanto, necessitamos viver uma nova abordagem de humanização no trabalho, que vise promover o equilíbrio dos imperativos humanos e tecnológicos, no qual os ambientes de trabalho e as tarefas executadas devam ser ajustáveis tanto à tecnologia quanto às pessoas, implementando-se um novo cenário de conjunto de valores e uma nova maneira de pensar, sentir e viver.

2.4 Tecnologia da informação

Tem-se observado, muitas vezes, que o computador não é uma solução, mas apenas uma tecnologia. Em outras palavras, ao formular políticas públicas na área das tecnologias da informação e comunicação, precisamos manter sempre em mente alguns princípios fundamentais. A liberdade de expressão, o direito à educação e o acesso à informação são acentuados na Declaração Universal dos Direitos Humanos como as pedras fundamentais da participação efetiva dos cidadãos na sociedade civil. Hoje, as tecnologias da informação e comunicação abrem possibilidades, antes inexistentes, para implementar esses direitos fundamentais. No entanto, ao avaliar o potencial dessas tecnologias, precisamos também responder às perguntas: para que servem? Para que serve a economia do conhecimento? Se estamos de acordo que a economia não é um fim em si mesma, mas um meio para a existência e, se possível, para a prosperidade de uma sociedade e dos seus membros, temos de chegar à conclusão de que o nosso objetivo, no que diz respeito à economia do conhecimento, deve ser a construção de uma sociedade do conhecimento, baseada no seu compartilhamento (UNESCO, 2001).

As tecnologias da informação e comunicação podem habilitar os indivíduos e oferecer-lhes um meio de alcançar a soberania pessoal. É o que podem fazer se as políticas públicas estimularem, ativamente, a sua utilização nesse sentido. Estamos todos seriamente preocupados com os riscos do chamado "divisor digital". Concordamos que é preciso utilizar essas tecnologias na luta contra a pobreza e a exclusão. Se não o superarmos, o divisor poderia nos deixar com uma economia do conhecimento cuja geografia consistiria, em última análise, em pequenas ilhas de extraordinária riqueza perdidas em um abismo oceânico de carências, não se tratando apenas de uma questão técnica. Não podemos incorrer no mesmo erro cometido no passado em relação ao desenvolvimento. É preciso integrar, plenamente, nossa abordagem das tecnologias da informação e comunicação às dimensões sociais, culturais e técnicas do desenvolvimento humano sustentável.

A informação é fator fundamental para as organizações e os administradores e, consequentemente, para os demais indivíduos. Quando se fala em mercado aberto e comum, competitividade, concorrência e qualidade, entre outros, percebe-se que nada disso seria possível sem que a informação existisse e a ela não se tivesse um rápido acesso. Dessa forma, é de fundamental importância estudar como a tecnologia da informação interage nas organizações, pois, por meio dela, acabam ocorrendo mudanças culturais e consequentes alterações de comportamento dos interlocutores envolvidos.

Um aspecto importante da etapa de avaliação de novas tecnologias é a mensuração comparativa de indicadores de qualidade e produtividade. Quando há a decisão de adotar uma nova tecnologia, é feita uma estimativa da relação custo-benefício. É no momento da avaliação que essa estimativa é comparada aos resultados efetivos. Nessa etapa, cabe também uma análise do clima organizacional, da mudança nos processos gerenciais e na estrutura geral de custos, além de uma avaliação de outros indicadores internos indiretos, entre eles a qualidade das informações e a comunicação entre as áreas.

A definição de tecnologia da informação abrange uma gama de produtos de *hardware* e *software* capazes de coletar, armazenar, processar e acessar números e imagens para o controle de equipamentos e processos de trabalho e para conectar pessoas, funções e escritórios tanto dentro das organizações quanto entre elas, sendo uma poderosa ferramenta para controle que permite monitorar e registrar muitos aspectos do comportamento e desempenho da organização. A tecnologia acaba facilitando determinadas atividades até então desenvolvidas por outros métodos, como, por exemplo, pelo processo manual.

As opções de desenho da organização formal e da tecnologia da informação são importantes porque moldam os padrões de comportamento organizacional (o comprometimento e a competência dos empregados e o alinhamento de suas ações com as prioridades da organização) que, por sua vez, afetam os resultados dos negócios, a motivação e o bem-estar dos empregados.

Por dupla potencialidade da tecnologia da informação sobre a empresa, entende-se a capacidade que a tecnologia básica tem de produzir um conjunto de efeitos organizacionais ou seus opostos. O enfoque preferido por muitas empresas para a gestão dos recursos humanos se distancia da confiança baseada no controle imposto para uma ativa procura do comprometimento do empregado. A tecnologia da informação representa uma força poderosa para qualquer finalidade por poder reforçar a orientação voltada ao controle/submissão ou facilitar a mudança em uma organização orientada para o comprometimento.

É importante que a tecnologia da informação seja aceita pelos indivíduos, mas não podemos garantir com essa aceitação o seu comprometimento.

A tecnologia da informação é uma poderosa ferramenta para controle que permite monitorar e registrar muitos aspectos do comportamento e desempenho da organização. Ao prover tais dados aos supervisores organizacionais, ela reforça seu controle hierárquico. A mesma tecnologia pode ser utilizada para reforçar os níveis inferiores de uma organização pelo acesso à informação, estendendo-o a um maior número de pessoas. O potencial de reforço da capacidade de monitoria reside em sua habilidade de prover o retorno da informação aos usuários de uma maneira que direcione o aprendizado e a autocorreção.

Não obstante, relacionamos alguns dilemas da tecnologia da informação, que devem ser levados em consideração quanto à sua utilização:

> Pode ser utilizada para rotinizar e cadenciar o trabalho dos operadores, ou aumentar o discernimento do operador e prover uma ferramenta para a inovação.

> Pode isolar e despersonalizar ou conectar as pessoas e enriquecer as possibilidades de comunicação.

> Pode ser utilizada para despojar e desabilitar os indivíduos por embutir seu conhecimento do cargo dentro do sistema, ou aumentar as necessidades de conhecimento e habilidades e dotar os usuários com um novo entendimento de suas tarefas e dos fatores que as afetam, mudando, assim, o perfil dos profissionais.

> Pode reduzir a dependência da organização sobre a habilidade e a motivação dos indivíduos em certos cargos ou aumentar a necessidade de empregados internamente motivados e altamente competentes.

Com o objetivo de alcançar maiores índices de competitividade nas organizações, as empresas têm utilizado uma complexa gama de tecnologias, desde o planejamento de produtos e a reorganização de processos produtivos, até a adoção de novos modelos de gestão administrativa. Assim, novas tecnologias podem ser encontradas em vários ambientes, com reflexo diferente em cada um deles em virtude das peculiaridades inerentes a cada contexto.

Para Silva e Fleury (2000), a utilização de novas tecnologias não é algo que se faz facilmente, porque implica obter novos pontos de vista e assumir novos papéis. Isso acarreta uma revisão dos papéis de cada indivíduo e, naturalmente, redimensiona a importância de cada agente inserido no contexto. É natural que os indivíduos reajam negativamente à proposta, via de regra, para preservar significados, poder e, principalmente, o conforto proporcionado pela manutenção de seu *status*, adquirido anteriormente. Os autores ponderam que, apesar de ser planejável, concreta, mensurável e de consumir recursos, não é a parte técnica a mais importante causa de abandono de sistemas que levaram tempo e absorveram altas somas e recursos para serem elaborados, isto é, a tecnologia não é fator impeditivo do sucesso da implementação de sistemas de informação, mas o grande comprometimento dos indivíduos.

No ambiente organizacional, uma das tecnologias que mais curiosidade tem suscitado é a da informação, que possui um papel fundamental, embora muitas vezes negligenciado, na maioria das empresas. As competências essenciais e o conhecimento coletivo baseiam-se em informações de negócio, conhecimento e experiência que não necessariamente cabem ou se restringem, por exemplo, a um *data warehouse* da área ou da empresa. Na maioria das empresas, a responsabilidade pela gestão do conhecimento não está centralizada, hoje, somente no nível de diretoria, sendo disseminada entre a média gerência e, muitas vezes, vista como parte do trabalho de cada colaborador da empresa.

É necessário sairmos do patamar do processamento de transações, da integração da logística, do *workflow* e do comércio eletrônico e buscarmos um perfil de construção de formas de comunicação, de conversação e aprendizado, de comunidades de trabalho e de estruturação e acesso às ideias e experiências. O papel a ser desempenhado pela tecnologia da informação nesse cenário almejado consiste em ajudar o desenvolvimento do conhecimento coletivo e do aprendizado contínuo, tornando mais fácil para as pessoas na organização compartilhar problemas, perspectivas, ideias e soluções.

Neste momento de reflexão em relação ao uso de novas tecnologias do conhecimento pelas organizações, é importante destacar a função de alguns de seus principais executivos: os CIO, CKO e CEO, tendo como atuação as seguintes atividades:

> CIO (*Chief Information Officer*): corresponde ao cargo de diretor de tecnologia da informação de uma empresa. Esse profissional é responsável por usar a tecnologia em benefício dos negócios da empresa. O CIO necessita estar sempre informado sobre as últimas novidades no mundo da tecnologia da informação, justamente para tentar trazê-las para a corporação. Seu perfil não é o de um profissional técnico, mas gerencial, entendendo também de *marketing*, finanças e administração como um todo. Com o advento da internet, passou a ser considerado um dos mais importantes executivos da empresa, geralmente auxiliado por um diretor de internet, que cuida de toda a operação da empresa na rede, e pelo diretor de comércio eletrônico, que é responsável pela internet como canal de vendas.

> CKO (*Chief Knowledgment Officer*): corresponde ao cargo de gestor de conhecimento de uma empresa, sendo responsável por criar banco de dados *on-line* com propostas de projetos, metodologias, melhores práticas, atas de reunião e toda a experiência acumulada pelos funcionários da companhia. As informações, quando somadas, são vitais para o lançamento de projetos ou para a criação de material de treinamento, entre outros.

> CEO (*Chief Executive Officer*): corresponde ao cargo de diretor executivo, presidente, superintendente ou diretor-geral de uma empresa. O termo, usado para designar um dos executivos mais bem pagos da corporação, pode vir acompanhado da função de presidente (CEO e presidente). Nesse caso, a função do segundo é mais representativa. O CEO pode tanto fazer parte de um conselho executivo como se reportar a esse grupo. Ele é o principal porta-voz da diretoria, responsável por apresentar os resultados à equipe.

A coerência, a perspicácia e a qualidade da aplicação da tecnologia da informação ao negócio da empresa tornam-se importantes para a competitividade empresarial. E, olhando para o futuro bem próximo, as tecnologias de maior qualidade estão se tornando, junto a qualidade dos recursos humanos, medidas fundamentais da capacidade de sobrevivência organizacional. Assim, mais que planejar o uso da informação como um recurso tático, as empresas caminham para pensar tecnologia da informação em termos estratégicos, por ser um recurso que afeta diretamente a sua sobrevivência.

A metodologia utilizada no esforço de planejamento será mais adequada quanto melhor forem inseridas a visão de futuro e a percepção do meio ambiente na empresa. A partir da análise de oportunidades e ameaças externas e dos pontos fortes e fracos internos, deve-se identificar claramente as vantagens competitivas atuais e até mesmo os potenciais da empresa. O processo de planejamento, nesse ponto, apresenta diversos desdobramentos paralelos: *marketing*, produção, tecnologia, organização, estratégia etc.

Ainda, nesse mesmo ponto, deve ser feita uma análise das oportunidades de aplicação da tecnologia da informação diretamente nos produtos e/ou serviços, atuais e potenciais, oferecidos pela empresa, como forma de criar ou aumentar a vantagem competitiva. Como a principal arma do empreendedor nesses tempos de mudança acelerada é o pensamento estratégico sustentado, os esforços de percepção do meio ambiente, de análise interna, de formulação de uma visão de futuro e de planejamento são recompensados pelo aumento da vantagem competitiva. Planejar, no sentido amplo e estratégico do processo decisório, é reduzir riscos, otimizar esforços e tirar o melhor proveito possível dos recursos disponíveis.

Antes de as organizações adotarem uma nova tecnologia ou um novo sistema de informação, é necessário identificar o que as empresas realmente necessitam quanto ao controle de processos, sejam eles operacionais ou gerenciais; o que de fato objetiva o uso de novas tecnologias do conhecimento, isto é, a sua usabilidade.

Quanto ao uso de uma nova metodologia de implementação de sistemas de informação, fica muito mais fácil a organização alcançar o sucesso na utilização de novas tecnologias do conhecimento. Esse é um dos motivos de o comprometimento de todos os envolvidos em um projeto dessa dimensão ser importante, principalmente no que diz respeito à alta direção.

Em busca da maximização das vantagens competitivas, até pela necessidade de sobrevivência, as empresas lutam para alavancar sua vocação a partir da consciência de seus pontos fortes e fracos. Nesse sentido, a tecnologia da informação aparece como recurso estratégico para a vantagem competitiva. A partir da investigação e análise de informações sobre os principais fatores condicionantes da competitividade, pode-se obter uma radiografia do setor que seja útil para a visão estratégica.

Esse é um método para a percepção e avaliação do ambiente competitivo da empresa, pois a análise permite identificar pontos na cadeia de valor agregado do produto/serviço, nos quais se possa buscar redução de custo ou diferenciação, tendo em mente a visão estratégica da empresa. Tanto no enfoque dos custos como no da diferenciação, a tecnologia da informação pode ser um importante contraste. O fundamental é que os fatores críticos sejam identificados no bojo do processo de planejamento estratégico – e sejam comunicados a todos na organização, além de serem monitorados permanentemente pelos executivos. O ideal é que, tendo como ponto de partida a análise estrutural do mercado, da avaliação da cadeia de valor agregado e da identificação dos fatores críticos de sucesso, a empresa empreenda ações proativas.

Também é de suma importância a documentação de processos para o uso correto da tecnologia e dos sistemas de informação na organização (Kissinger e Borchardt, 1996). Conforme mostra a Figura 2.2, o uso efetivo da tecnologia depende de como, onde e por que utilizá-la, isto é, de sua aplicação. A linha básica de documentação é a seguinte:

> perguntas individuais e/ou coletivas;
> identificação do volume das atividades a serem estudadas;
> ciclo dessas atividades;
> *staffing* das atividades;
> periodicidade das atividades;
> como as atividades são desenvolvidas;
> uso ou não de ferramentas tecnológicas, entre outros.

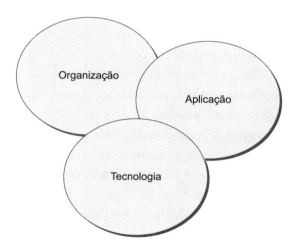

Figura 2.2 > Plano de arquitetura e informação estratégica.

Fonte: KISSINGER, K; BORCHARDT, S. Information technology for integrated health systems. New York: John Wiley & Sons, 1996. (Ernst & Young – Information Management Series).

Para o estabelecimento de um plano de ação no nível gerencial em virtude do planejamento estratégico, é fundamental a divulgação da visão, dos objetivos, da análise de cenário, das metas e fatores críticos de sucesso para todos na organização. Uma empresa precisa perseguir todos os itens de seu planejamento estratégico em busca da consolidação do salto de sua transformação. Muitas organizações identificam novas oportunidades de negócio na aplicação de tecnologias emergentes, em que esse salto transformacional dependerá do seu posicionamento no mercado.

Para isso, do ponto de vista externo, é utilizada uma análise estrutural daquele setor da indústria. Já do ponto de vista interno, é útil analisar a cadeia de valor agregado dos processos da organização em busca de pontos focais para redução de custos e diferenciação. Nesse processo, é importante identificar fatores críticos de sucesso da empresa, que deverão ser permanentemente monitorados. Como a tecnologia da informação evolui muito rapidamente em todas as áreas – *hardware*, *software*, comunicação, pessoas, administração etc. –, o objetivo do processo de planejamento tecnológico é identificar oportunidades de aplicação de novas tecnologias, a fim de definir linhas de ação para sua internalização e implementação na empresa.

O ponto crucial do processo de melhoria contínua por meio do gerenciamento do conhecimento é o desenvolvimento de bases de conhecimento que deixem o *staff* da organização compartilhar as melhores experiências e lições aprendidas. Os projetos de integração de um sistema aplicativo empresarial, por exemplo, beneficiam-se sobremaneira, uma vez que a base de conhecimento contém informações sobre todos os sistemas da organização. Assim, ela fornece aos grupos de integração de aplicações uma fonte única de informações para integrar todos os atuais sistemas da empresa. O *knowledge management* se constrói, portanto, na implementação de metodologias e sistemas de gerenciamento de processos.

Os sistemas de gestão do conhecimento deixam as companhias reunir informações quantitativas armazenadas em ferramentas de gerenciamento de processos com as informações qualitativas armazenadas nos documentos de metodologia. Os membros da organização envolvidos devem entender o que tem de ser feito, isto é, os passos e os documentos exigidos na metodologia, e precisam de um conjunto apurado de métricas para avaliar e planejar o projeto.

Uma vez implementados a metodologia e os sistemas de gerenciamento, as ferramentas de *knowledge management* deixam as equipes envolvidas, tanto de tecnologia como das áreas funcionais, uma vez que tornam possível compartilhar documentos de metodologia e informações quantitativas, armazenados em sistemas que gerenciam tal processo. Compartilhar essas informações significa que todos os membros do grupo do projeto, em toda a empresa, podem ficar a par do que está acontecendo em um determinado projeto específico, por exemplo.

As bases de conhecimento que são bem estruturadas e fáceis de acessar podem ajudar a equipe de gerenciamento de configuração a rastrear facilmente mudanças e problemas quando estes ocorrem. Os gerentes de projeto também podem rever os documentos para obter informações sobre a métrica de projetos comparáveis, que os guiarão no processo de avaliação.

2.5 Informação, comunicação e conhecimento

Para um processo eficaz tanto da implementação de uma política de gestão de conhecimento quanto da sua continuidade com qualidade, é necessário o uso de ferramentas ligadas à tecnologia da informação. Temos, por exemplo, o uso de computadores pessoais e em rede, a videoconferência e a teleconferência, porém essa condição não é a única.

Como são as pessoas que "transformam", por meio do aprendizado, dados e informações em conhecimento, a necessidade de captar e gerir as necessidades de aprendizado dos indivíduos torna as tecnologias da informação particularmente apropriadas para lidar com o conhecimento. Muito embora, para Davenport e Prusak (1998), as tecnologias projetadas para gerir dados sejam estruturadas e orientadas para números e abordem grandes volumes de observações, as tecnologias do conhecimento lidam mais frequentemente com textos em formas relativamente não estruturadas, tais como orações, sentenças, parágrafos e até mesmo histórias.

Há de se pensar na questão da análise das informações colhidas pelos indivíduos. Isso se deve ao fato de as pessoas precisarem filtrar quais e que tipos de informações para que seja encontrado o conhecimento desejado. Daí o papel fundamental do indivíduo nesse cenário, pois é ele quem necessita diferenciar o que é informação relevante ou não, para si e para os outros.

Davenport e Prusak (1998) acreditam que as questões-chave das ferramentas da gestão do conhecimento são: componentes do conhecimento (as bases adquiridas em conhecimento); raciocínio com base em caos (análise cognitiva em relação a turbulências × caos); restrições (existentes); Web (internet); observações (sobre o cenário estudado); sistemas especializados e redes neurais, conforme consta na Figura 2.3.

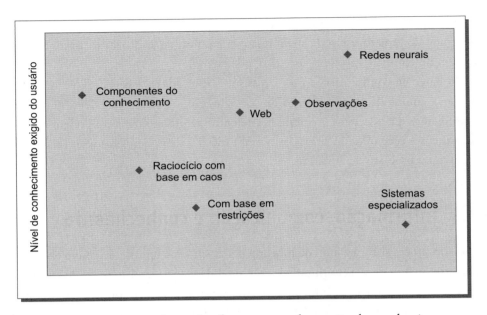

Figura 2.3 > Dimensões-chave das ferramentas de gestão do conhecimento.

Fonte: DAVENPORT, T. H.; PRUSAK, L. *Conhecimento empresarial:* como as organizações gerenciam o seu capital. São Paulo: Campus, 1998.

A comunicação é conhecida como parte de um processo de emissão processamento (tabulação) – recepção da linguagem que se dá pela "fala" escrita ou pela imagem.

Segundo Sveiby (1998), quando falamos ou escrevemos, utilizamos a linguagem para articular alguns de nossos conhecimentos tácitos, na tentativa de transmiti-los a outras pessoas. O autor chama esse tipo de comunicação de informação, que é confundida, muitas vezes, com o conhecimento. Sveiby aponta, ainda, a importância da informação para transmitir o conhecimento explícito.

Para Pignatari (1997), não é a qualidade da informação emitida que é importante para a ação, mas a quantidade de informação capaz de penetrar o suficiente em um dispositivo de armazenamento e comunicação, de modo a servir como gatilho para a ação do indivíduo. O autor generalizou o conceito de entropia relacionando-o com o conceito de informação; enquanto a entropia aumenta, o universo e todos os seus sistemas isolados tendem naturalmente a se deteriorar e a perder seu caráter distintivo; a ir de um estado menos provável para um estado mais provável, de um estado de diferenciação e organização, em que há distinções e formas, para um estado de caos e indistinção, em que as mensagens são, em si, uma forma de padrão e de organização, na qual é possível tratar conjuntos de mensagens como uma entropia, como os conjuntos de estados do mundo exterior.

Para Wiener (1993), as mensagens são, por si só, uma forma de configuração e organização. Ele acredita ser possível encarar conjuntos de mensagens como se fossem dotados de entropia, à semelhança de conjuntos de estados do mundo exterior. Assim como a entropia é uma medida de desorganização, a informação conduzida por um grupo de mensagens é uma medida de organização, sendo possível interpretar a informação conduzida por uma mensagem como essencialmente o negativo de sua entropia e o logaritmo negativo de sua probabilidade. Assim, quanto mais provável for a mensagem, menor será a informação propiciada, e quanto maior for a entropia, menor será a informação gerada e vice-versa.

Wiener (1993) vincula, ainda, a teoria dos *quanta* a uma nova associação entre energia e informação. Uma forma tosca dessa associação ocorre nas teorias de ruído de linha em um circuito telefônico ou em um amplificador. Pode-se demonstrar que tal ruído de fundo é inevitável, visto que depende do caráter discreto dos elétrons que conduzem a corrente. No entanto, tem a capacidade manifesta de destruir a informação na qual o circuito requer certo nível de potência de comunicação, a fim de que a mensagem não seja obnubilada (obscurecida) pela sua própria energia. Ainda mais fundamental que esse exemplo é o fato de que a própria luz tem estrutura atômica, e que a luz de uma determinada frequência se irradia em grumos, conhecidos como *quanta* luminosos, que têm uma determinada energia dependente dessa frequência. Por isso, não pode haver radiação de energia menor que a de um *quantum* luminoso. A transferência da informação não pode ocorrer sem algum dispêndio de energia, de modo que não exista nítida delimitação entre acoplamento energético e acoplamento informacional. Não obstante, para a maior parte dos propósitos práticos, um *quantum* luminoso é algo minúsculo e a quantidade de energia que se torna necessário transferir para obter efetivo acoplamento informacional é muito pequena.

Segundo as teorias da física, a entropia designa uma função do estado termodinâmico dos sistemas, servindo como medida do não aproveitamento da energia de um determinado sistema: determinada quantidade de trabalho pode ser transformada completamente em calor, mas, ao se pretender transformar o calor em trabalho, ocorre um consumo de energia que impede o aproveitamento de todo o calor, sendo essa margem inaproveitada definida pela entropia (NETTO, 1999).

Para Capra (1996), as partículas subatômicas não têm significado como entidades isoladas, mas podem ser entendidas como interconexões, ou correlações, entre vários processos de observação e medidas; as partículas subatômicas não são "coisas", mas suas interconexões, e estas, por sua vez, são interconexões entre outras coisas, e assim por diante. Para esse autor, é dessa maneira que a física quântica mostra que não podemos decompor o mundo em unidades elementares que existem de maneira independente, pois, quando desviamos a atenção dos objetos macroscópicos para os átomos e partículas subatômicas, a natureza não nos mostra blocos de construção isolados, mas aparece como uma complexa teia de relações entre as várias partes de um todo unificado.

Tudo está em movimento, em constante fluxo de energia e em processo de mudança, incluindo o pensamento, no que diz respeito à forma e ao conteúdo. Assim também o conhecimento é produzido e transformado no pensamento. Tudo está conectado e envolto na multiplicidade de causas que aparecem no relacionamento dos fenômenos do mundo físico. E é nessa complexidade que devemos encontrar as respostas de que necessitamos.

Ainda segundo Capra (1996), em vez da ordem, temos a desordem crescente, a criatividade e o acidente. Do caos surgem as esperanças, a criatividade, o diálogo e a auto-organização construtiva. No lugar da estabilidade e do determinismo, temos o surgimento da instabilidade, as flutuações e as bifurcações. Há sempre a possibilidade de uma mudança de perspectiva como característica do mundo fenomênico. Estamos imersos num universo menos previsível, mais complexo, dinâmico, criativo e pluralista, numa dança permanente.

A questão da energia, muito embora pouco discutida, se faz necessária em qualquer processo de transformação e mudança, seja em macro ou em microambientes.

Discorrendo sobre a teoria quântica, Bunge (2000) comenta que a grande contribuição dessa teoria à epistemologia foi a descoberta de que não existe micro-objeto autônomo, e que nada acontece nos níveis microfísicos sem a intervenção ativa do experimentador (observador). Para o autor, não existiriam objetos separados, muito menos uma relação analisável entre eles: o microevento seria um átomo básico. De acordo com Bunge, há quatro teses relativas e referentes à teoria física: 1) *a tese realista*: relacionada a entidades e acontecimentos que têm indubitavelmente uma existência autônoma (realismo ingênuo), ou então são tidas como possuidoras de uma existência autônoma (realismo crítico), resultando em um "enunciado de objeto físico"; 2) *a tese subjetivista*: tratando das sensações (sensismo) ou então das ideias (idealismo subjetivo) de algum sujeito empenhado em atos cognitivos, resultando em um "enunciado de objeto mental"; 3) *a tese estrita de Copenhague*: a interpretação física de toda fórmula não formal na física teórica, ou, ao menos, na teoria quântica, precisa ser tanto adventícia (oposta à estrita) quanto físico-mental (distinta tanto do físico quanto do mental), pois os observadores e suas condições de observação devem ser lidos em todas as fórmulas desse tipo, ainda que possam estar faltando as variáveis correspondentes; 4) *a tese dualista*: concerne às transações dos seres humanos com seu ambiente (pragmatismo) ou às maneiras como eles manipulam sistemas quando pretendem conhecê-los (operacionalismo), resultando, portanto, em um "enunciado de objeto mental e em parte físico".

O processo de informação e comunicação está voltado mais para uma questão realista, por conta de estas fluírem ou não nas organizações. Existem fatores complexos nesse ambiente, sendo supostamente conhecidos e herdados pela forma de ser e atuar dos indivíduos (ação), além de confundidos, neste momento, com a subjetividade das pessoas.

Ainda para Bunge (2000), as diferenças entre as versões subjetivista e realista são:

> a teoria realista diz respeito a um sistema físico idealizado (um modelo de uma multidão de situação real; a teoria subjetivista diz respeito a um sujeito idealizado;
> a teoria realista informa acerca de eventos físicos; a subjetivista informa sobre os eventos psíquicos;
> a teoria realista envolve probabilidades de transição que podem ser conferidas pela observação de frequências de eventos externos;
> a teoria subjetivista envolve introspectivamente frequências de transição observáveis;
> a teoria realista é passível de prova num laboratório de física; a teoria subjetiva não é passível de semelhante prova.

O autor acredita, ainda, que a mecânica quântica deve ser desassociada de uma epistemologia subjetivista, isenta de elementos psicológicos, sendo direcionada epistemologicamente a princípios realistas. Para ele, as concepções teóricas do conhecimento baseiam-se no realismo crítico, caracterizando-se pelas seguintes teses:

> há coisas em si mesmas, isto é, objetos cuja existência não depende de nossa mente;

> as coisas em si são cognoscíveis (que se pode conhecer), embora de maneira parcial e por sucessivas aproximações, mais que de maneira exaustiva e de um só golpe;

> o conhecimento de uma coisa em si é alcançado em conjunto pela teoria e pelo experimento, e nenhum dos quais pode proferir veredictos finais sobre coisa alguma;

> o conhecimento (conhecimento fatual) é hipotético mais que apodíctico (de natureza evidente e indubitável) e, portanto, é corrigível e não final: embora a hipótese filosófica de existirem coisas lá fora passíveis de serem conhecidas constitua pressuposições da pesquisa científica, qualquer hipótese científica acerca da existência de uma espécie de objeto, suas propriedades ou leis é corrigível;

> o conhecimento de uma coisa em si, longe de ser direto e pictórico, é circundante e simbólico.

Apesar de a teoria quântica abordar as questões do microcosmo (a não existência de micro-objetos autônomos), ela nos faz refletir sobre o macrocosmo também. Pela sua abordagem realista, mas não mecanicista, o indivíduo e a sociedade requerem uma nova forma de ser.

A organização terá de saber superar as neuroses do poder, terá de reconhecer e se apoiar mais nas verdades individuais, terá de ser mais flexível, operar segundo bases menos autoritárias, menos esquemáticas, terá de ser mais baseada em inteligência e sensibilidade que em hierarquia e poder, terá de ser mais um organismo coletivo em que o conhecimento compartilhado e a capacidade de aprender continuamente serão mais importantes que o controlar e dominar, sendo menos máquina e mais coração, menos estrutura e mais fluxo, menos burocracia e mais processo – menos mais-valia e mais significado humano.

É somente pela possibilidade dessas ações que a realidade irá superar a subjetividade das pessoas.

A metafísica, de acordo com Kant (2001), é uma filial da filosofia concebida como identificação da realidade ou da natureza final do universo, que estuda a essência dos seres. É um inquérito que tenta determinar algo realmente existente. Uma distinção da aparência realidade opera-se, então, dentro do projeto da metafísica, para enfatizar os aspectos transcendentes (existência que se encontra além do alcance da experiência ordinária), ou os imanentes (a realidade dada a nós com a experiência ordinária).

A componente preliminar da metafísica é ontológica, isto é, ela se dá por meio da teoria da existência do ser. A ontologia é determinada a identificar o material básico do universo, composto de constituintes diversos ou de somente um elemento fundamental. Essa investigação estende-se não somente ao universo objetivo, mas também ao reino da mente humana e de sua subjetividade. A ontologia é contrastada frequentemente com a metafísica apropriada, que é concebida mais com os traços e os princípios gerais do mundo que com o reino da experiência humana propriamente dita. A metafísica adequada é realizada constantemente no nível mais elevado da abstração, desde que se suponha que os traços ou as características da realidade são gerais e aplicáveis a todo o universo.

Pela compreensão do mundo como um ambiente constituído por objetos, a ciência institui-se no lugar da metafísica como norteadora e possuidora do sentido sobre o ser, isto é, os entes homem e mundo, encaminhando toda sua reflexão e suas questões a partir da lógica formal como método, sem questionar seus próprios fundamentos. Toda a questão reside, então, na correspondência entre sujeito e objeto – ou em como se pode ter certeza de que um sujeito conhece cientificamente um objeto; em outras palavras, em estabelecer a verdade dentro dos parâmetros de objetividade, identidade e universalidade, que são normas de aceitação do conhecimento como verdadeiro. Essas normas tornam possíveis a instrumentalização e a aplicabilidade da ciência e o uso, pelo sujeito, dos recursos que o mundo vislumbra.

Nos estudos de teoria da informação, costuma-se fazer uma distinção entre informação e significação. Tal diferenciação é vista como algo dependente do juízo interpretativo, do juízo valorativo, da opinião e da subjetividade. A análise informacional de um dado texto não se preocupa com o significado nele presente, com seu conteúdo semântico, com suas consequências para o receptor do texto ou com as motivações do produtor da mensagem. Como a mensagem existe para eliminar dúvidas, reduzir a incerteza em que se encontra um indivíduo, quanto maior for a eliminação de dúvidas por parte dela, melhor ela será. A informação surge como agente dissipador de incertezas, que tem o objetivo de provocar uma alteração no entendimento por parte das pessoas.

A discussão sobre as questões da comunicação e da informação nas organizações é de vital importância para que os processos internos realmente aconteçam de forma eficaz. Diversos estudos vêm sendo realizados quanto a esses itens. As organizações são apoiadas, para tanto, pelas áreas de comunicação empresarial, *marketing* e tecnologia, a fim de que a comunicação e a informação cheguem a todos os indivíduos de forma eficiente e eficaz, porém isso ainda não é o bastante.

Contudo, Lévy (1998) classifica as técnicas de controle de mensagens em três grupos principais: somáticas, midiáticas e digitais. As somáticas implicam a presença efetiva, o engajamento, a energia e a sensibilidade de corpo para a produção de signos, como, por exemplo, a *performance* ao vivo da fala, da dança, do canto ou da música instrumental. As midiáticas (molares) fixam e reproduzem as mensagens a fim de assegurar-lhes maior alcance, melhor difusão no tempo e no espaço. As mensagens continuam a ser emitidas na ausência do corpo vivo dos destinatários.

A passagem à mídia, para Lévy, se dá com as técnicas de reprodução dos signos e marcas, como ocorre com selos, carimbos, moldagem, entre outros. As mídias fixam, reproduzem ou transportam as mensagens em uma escala que os meios somáticos jamais poderiam alcançar, mas, ao fazê-lo, descontextualizam essas mensagens e fazem-nas perder sua capacidade original de adaptar-se às situações nas quais eram emitidas por seres vivos. A mídia contenta-se em fixar, reproduzir e transportar uma mensagem somaticamente produzida; já a escrita fornece o ponto de apoio semiótico de modos de expressão e de comunicação *sui generis*, que não se limitam, de modo algum, a meras reproduções de fala. O digital, para esse autor, sempre pairou acima da mídia, pois ele é o absoluto da montagem, incidindo esta sobre os mais ínfimos fragmentos da mensagem, uma disponibilidade incessantemente reaberta à combinação, à mixagem e ao reordenamento dos signos. O digital autoriza a fabricação de mensagens, sua modificação e mesmo a interação com elas, átomo de informação por átomo de informação, *bit* por *bit*.

A tecnologia da informação, portanto, por analogia, favorece o fluxo de informação na organização; porém, não basta apenas a existência de ferramentas computacionais, mas a sua utilização pelos indivíduos e, portanto, os ícones contidos em um computador pessoal ou rede (das organizações) devem ser compreendidos pelos indivíduos, a fim de conduzi-los satisfatoriamente no objetivo verdadeiro da correta realização de suas atividades no trabalho.

Toda essa questão reside, então, na correspondência do entendimento e discernimento da informação concebida entre o sujeito e objeto ou em como se pode ter certeza de que um determinado sujeito compreende um objeto; em outras palavras, em estabelecer a verdade dentro dos parâmetros de objetividade, identidade e universalidade que são normas de aceitação do conhecimento como verdadeiro.

Para Gomes (2000), a comunicação é concebida como o processo por meio do qual um emissor transmite uma mensagem a um receptor, ou como a produção de um conteúdo simbólico (mensagem) a ser recebido por alguém que use o mesmo código do produtor (quem produziu a mensagem inicial). Para o autor, a linguagem predomina de forma fundamental nesse cenário, pois

> (...) *impõe aos indivíduos determinadas categorias conceituais e esquemas de pensamento; incorpora persuasões implícitas e avaliações sociais; ordena experiências e modela a percepção do sujeito; estabiliza a experiência, integrando-a num todo significativo.*

Analogamente, podemos analisar essa relação tendo apresentado como sujeito o próprio indivíduo (ser) contido na organização, muito embora ele atue no trabalho de forma integrada a outros indivíduos.

A cultura organizacional representa o ambiente de crenças e valores, costumes e tradições, mitos e rituais, conhecimentos e práticas de convívio social e relacionamento entre as pessoas. A grande máquina chamada organização, quanto à sua estrutura e arquitetura, é também considerada um signo maior, composta por vários outros signos.

Segundo Gomes (2000), os mitos estão entre as produções simbólicas mais divulgadas e vulgarizadas, aparecendo geralmente associados aos ritos, sendo encarados, habitualmente, como expressões culturais cuja utilização rotineira lhes retira qualquer valor instrumental, sendo, por isso, encarados de maneira negativa.

O uso de sistemas na organização, em nível macro, é utilizado de maneira coletiva, porém sua utilização real se dá de forma individual, chamando nossa atenção, portanto, para as questões das interpretações individuais e, consequentemente, das interações entre os próprios sistemas.

Em nosso cotidiano, as tecnologias utilizadas pelos indivíduos estão repletas de facilitadores. O principal deles, muito comumente utilizado, é o ícone, presente nas principais telas de computadores pessoais, tanto nas empresas como nas residências.

Para Andersen (1997), existe uma correlação entre processos e um sistema, baseada semioticamente por meio dos signos. Para o autor, os signos existem em virtude da presença de dois planos comutadores, que se combinam a partir do uso simbólico de atos, que podem ser alterados em caminhos significativos distintos.

Portanto, os signos estão presentes no dia a dia das pessoas e são importantes no processo da utilização de novas tecnologias do conhecimento.

Para a filosofia, ontologia é o estudo da existência do ser. Em inteligência artificial, ontologia pode ser definida como "uma especificação formal e explícita de uma conceituação compartilhada". A palavra conceituação se refere a uma abstração, visão simplificada do mundo que desejamos representar para algum propósito, construído pela identificação de conceitos e relações relevantes. O termo *explícita* indica que os tipos de conceitos e as restrições ao seu uso são explicitamente definidos. *Formal* significa que a ontologia deve ser compreensível por um computador (não pode ser somente escrita em linguagem natural). Finalmente, *compartilhada* implica que o conhecimento representado é consensual, aceito por um grupo e não por um só indivíduo (DUINEVELD, 1999).

As novas tecnologias da informação alavancaram o processo de comunicação nas organizações, conforme já discutimos. Porém, um dos principais recursos informáticos para esse processo é proveniente do uso da internet e da intranet. O que se busca é a informação e um recurso importante existente nesse cenário é o hipertexto.

Lévy (1996) afirma que, se a execução de um programa informático, puramente lógico, tem a ver com o par possível/real, a interação entre humanos e sistemas informáticos tem a ver com a dialética do virtual e do atual. Para ele, hierarquizar e selecionar áreas de sentido, tecer ligações entre essas zonas, conectar o texto a outros documentos e arrimá-lo a toda uma memória que forma o fundo sobre o qual se destaca e ao qual remete são outras tantas funções do hipertexto informático. Uma tecnologia intelectual quase sempre exterioriza, objetiva e virtualiza uma função cognitiva, uma atividade mental. Assim, reorganiza a economia ou a ecologia intelectual em seu conjunto e modifica, em troca, a função cognitiva que ela supostamente deveria apenas auxiliar ou reforçar. A relação entre a escrita (tecnologia intelectual) e a memória (função cognitiva) está aí para esclarecer.

Um hipertexto é uma matriz de textos potenciais, e alguns deles vão se realizar sob o efeito da interação com um usuário. Nenhuma diferença se introduz entre um texto possível da combinatória e um texto real que será lido na tela. As maiores partes dos programas são máquinas de exibir (realizar) mensagens (textos, imagens etc.) a partir de um dispositivo computacional que determina um universo de possibilidades, o qual pode ser imenso ou fazer intervir procedimentos aleatórios, mas ainda assim é algo inteiramente pré-contido e calculável.

Outra tecnologia utilizada para facilitar o processo de comunicação e informação na organização é a hipermídia. Tecnicamente, a hipermídia acaba sendo um agente entre a interatividade e a própria tecnologia da informação. Conforme pondera Machado (1997), a ideia básica da hipermídia é aproveitar a arquitetura não linear das memórias de computador para viabilizar obras "tridimensionais", dotadas de uma estrutura dinâmica que as torne manipuláveis interativamente, sendo, portanto, uma forma combinatória, permutacional e interativa da multimídia em que textos, sons e imagens (estáticas e em movimento) estão ligados entre si por elos probabilísticos e móveis, que podem ser configurados pelos receptores de diferentes maneiras, de modo a compor obras instáveis em quantidades infinitas.

A hipermídia, prossegue Machado, traz dentro de si várias outras possibilidades de leitura diante das quais se pode escolher dentre diversas alternativas de atualização. Não se trata de mais um texto, mas de uma imensa superposição de textos, que podem ser lidos como alternativas virtuais da mesma escrita, como textos que correm paralelamente ou que se tangenciam em determinados pontos, permitindo optar entre prosseguir na mesma linha ou ir por um caminho novo. Na verdade, todo texto, mesmo o linear e sequencial, é sempre a atualização (necessariamente provisória) de uma infinidade de escolhas, num repertório de alternativas que, mesmo eliminadas na apresentação final, continuam a perturbar dialogicamente a forma oferecida como definitiva.

O uso de ferramentas em tecnologia da informação, como estamos percebendo, facilita o processo de condução de mudanças pertinentes às atividades desenvolvidas pelos indivíduos na organização. A hipermídia e o hipertexto, por sua vez, também facilitam e colaboram com esse processo, acelerando-o e reduzindo o tempo de trabalho.

Na comunicação escrita tradicional, todos os recursos de montagem são empregados no momento da redação. Uma vez impresso, o texto material conserva alguma estabilidade, aguardando desmontagens e remontagens do sentido às quais se entregará o leitor. O hipertexto digital automatiza e materializa essas opções de leitura, ampliando consideravelmente seu alcance, propondo um reservatório, uma matriz de dinâmica a partir da qual um navegador, leitor ou usuário pode engendrar um texto específico segundo a necessidade do momento. As bases de dados, sistemas especialistas, tabuladores, hiperdocumentos, simulações interativas e outros mundos virtuais são potenciais de textos, de imagens, de sons ou mesmo de qualidades táteis que situações específicas atualizam de mil maneiras.

Portanto, com a presença das novas tecnologias do conhecimento, o tratamento da informação abre as portas para um ciberespaço que interconecta virtualmente todas as mensagens digitais, multiplicando a emissão e a captação da informação, facilitando as interações em tempo real por parte do indivíduo.

2.6 A organização do aprendizado e o capital intelectual

A organização do aprendizado e o capital intelectual vêm sendo muito discutidos atualmente. Inúmeros autores e especialistas têm debatido e estudado essas questões.

Nonaka e Takeuchi (1997) discutem a definição de conhecimento como uma "crença verdadeira justificada", porém acreditam que essa definição esteja longe de ser perfeita em termos lógicos. O conhecimento é uma função de uma atitude, perspectiva ou intenção específica; o conhecimento, ao contrário da informação, está relacionado à ação; o conhecimento, como a informação, diz respeito ao significado, sendo específico ao contexto.

Os problemas emergentes do mundo moderno, para Leff (2000), caracterizam-se pela crescente complexidade, que demanda, para seu estudo, novos instrumentos teóricos e metodológicos com o objetivo de analisar processos de natureza diversa que incidem em sua estruturação, em sua dinâmica de transformação. A questão ambiental propõe, assim, a necessidade de um pensamento holístico e sistêmico, capaz de perceber as inter-relações entre os diferentes processos que caracterizam seu campo problemático. Ela aparece como sintoma da crise da razão da civilização moderna, como crítica da racionalidade social e do estilo de desenvolvimento dominante, e como proposta para fundamentar um desenvolvimento alternativo.

A questão ambiental, como crítica, problematiza o conhecimento científico e tecnológico produzido, aplicado e legitimado pela referida racionalidade, abrindo-se para novos métodos, capazes de integrar as contribuições de diferentes disciplinas que geram análises abrangentes e integradas de uma realidade global e complexa, na qual se articulam processos sociais e naturais de diversas ordens de materialidade e de racionalidade, os quais, por sua vez, produzem novos conhecimentos teóricos e práticos para construir uma racionalidade produtiva alternativa. Não obstante, os paradigmas da economia, fundamentados em uma epistemologia e em uma metodologia mecanicista, têm sido muito mais resistentes a incorporar os princípios ambientais e até mesmo os holísticos.

Para Hessen (1987), no conhecimento, encontram-se frente a frente a consciência e o objeto, bem como o sujeito e o objeto. O conhecimento apresenta-se como uma relação entre esses dois elementos, que nela permanecem eternamente separados um do outro, de forma que o dualismo sujeito e objeto pertence à essência do conhecimento. O conceito de verdade, segundo ele, relaciona-se intimamente com a essência do conhecimento. Verdadeiro conhecimento é somente o conhecimento verdadeiro. Assim, um conhecimento falso não é propriamente conhecimento, mas erro e ilusão. O conhecimento humano toca a esfera ontológica, fazendo com que o objeto apareça perante a consciência como algo que trate de um ser ideal ou de um ser real. O ser, por sua vez, é objeto da ontologia, apesar de esta não poder resolver o problema e a questão do conhecimento.

Normalmente, o conhecimento consiste em forjar uma imagem do objeto, sendo a verdade do conhecimento a concordância dessa imagem com o objeto.

O acúmulo de experiências e práticas e das reflexões sobre elas, de explicações e teorizações, conforme ponderam Hoyos Guevara et al. (1998), é o que é definido por conhecimento de um indivíduo, de uma comunidade, de uma cultura, das civilizações e da humanidade. O conhecimento da espécie humana, até mesmo como busca de sobrevivência, está associado à busca de transcendência. Não se conhecem outras espécies que tenham um sentido de história e de futuro, e é aí, justamente, que o ser humano se distingue das demais espécies.

O acúmulo de conhecimentos (fazer, saber) se mostra, ao longo de gerações, importante e útil para satisfazer as necessidades materiais e espirituais de uma sociedade. O conhecimento coletivo de uma sociedade inclui valores, explicações, modos de comportamento que são, muitas vezes, chamados de tradições, orientando o comportamento de indivíduos das gerações seguintes.

Segundo esses autores, o comportamento é o conjunto de respostas (ações) de cada indivíduo, sendo os estímulos provenientes de seu ambiente. Esse mesmo ambiente é composto por um complexo de fatos naturais, de artefatos e *mentefatos* que informam o indivíduo e, uma vez processadas as informações, definem-se estratégias de ação que se manifestam como comportamento. Tanto a recepção de informação como o seu processamento estão em evolução cumulativa na vida de cada indivíduo. Vão se reunindo no que se denomina "conhecimento", pois comportamento é uma ação que resulta do processamento de informação da realidade, o que inclui informação do conhecimento que o próprio indivíduo adquiriu.

Dessa maneira, os autores afirmam que a complexidade do universo é intrínseca, isto é, tudo está em permanente transformação, graças a influências mútuas e permanentes, nas quais não há intermitências. O estágio em que vivemos é de transição dos modelos físicos (mecânicos) para os modelos biológicos. Talvez o que tenha mudado é a nossa concepção sobre os modelos, nosso estágio de conhecimento, e não o fenômeno em si. Todos os sistemas que observamos estão se tornando orgânicos, ou seja, vivos, inteligentes, auto-organizados e, muitas vezes, munidos de um programa de preservação evolutivo. Mesmo na computação, utilizamos *chips* de redes neurais e algoritmos genéticos para as mais variadas aplicações, e nas grandes corporações observou-se a transição de uma cultura de organização para um organismo.

Os acelerados avanços da microeletrônica nas comunicações e na computação mostram as possibilidades concretas de criar um verdadeiro cérebro global, do qual a internet é apontada como uma das principais responsáveis. Segundo Lévy (1998), "estamos entrando na era do trabalho intensivo de equipes flexíveis e interdisciplinares, conectados por redes que vivem em espaços virtuais totalmente interativos e compartilhados; portanto, onde surge algo que poderíamos chamar de inteligência coletiva extremamente dinâmica e auto-organizada". Essa análise é interpretada como a causa de sérios problemas epistemológicos, pois há a necessidade da superação das individualidades e suas dualidades pré-históricas, tais como os graus de objetividade, subjetividade e intersubjetividade permitidos pelo grupo. "Estamos na era da complexidade, do paradoxo e da incerteza, das lógicas multiavaliadas e das necessidades das pessoas, dos grupos e das organizações de uma rápida adaptação criativa a aceleradas, caóticas e inesperadas mudanças (...) estamos numa era de mudanças de paradigmas."

Estamos em um processo de recuperação, revitalização e atualização do natural, dos valores humanos e espirituais; das artes, da religião e da ecologia; da ética, da estética e da transcendência do indivíduo. O momento atual é propício para o diálogo entre a ciência e a tradição, entre o racional e o intuitivo, permitindo uma nova interpretação integradora da realidade mais criativa e vital, com uma dança sem fim, seja nas grandes corporações, seja em reuniões religiosas em que o saber fazer já não é suficiente.

Para Hoyos Guevara et al. (1998), a empresa de vanguarda é o laboratório para uma nova consciência que surge rapidamente nesses novos tempos. Deverá este ser o milênio do espírito e, da mesma forma, na sociedade do conhecimento, cada vez mais as principais empresas serão fábricas de ideias, colocadas no mercado em um tempo cada vez menor.

A gestão do conhecimento vista como uma coleção de processos que governa a criação, a disseminação e a utilização do conhecimento para atingir plenamente os objetivos da organização é uma área nova na confluência entre tecnologia da informação e administração, um novo campo entre a estratégia, a cultura e os sistemas de informação de uma organização. Com o enfoque da gestão do conhecimento, começa-se a rever a empresa, suas estratégias, sua estrutura e sua própria cultura.

No ambiente de negócios e, praticamente, em qualquer lugar do mundo, as pessoas estão sentindo os reflexos dessas transformações. À medida que a percepção do mundo se acelera e que as pessoas são cada vez mais bombardeadas com informações por diversas mídias (cada indivíduo está conectado ao restante do mundo pelo uso da tecnologia da informação), também cresce a perplexidade em relação ao ritmo das mudanças.

De todos os aspectos da vida organizacional, talvez a comunicação seja o mais essencial e problemático. Em todas as suas formas, ela é imprescindível para a disseminação do conhecimento. Mais que uma categoria ou definição, as organizações de aprendizado representam um ideal que vem sendo perseguido pelas empresas nessa era de valorização do capital intelectual. A questão da comunicação, portanto, é crucial para as organizações do aprendizado e, por consequência, para a gestão do conhecimento. Ela passa pela questão do trabalho em grupo e do desenvolvimento de equipes. As questões relativas à gestão do conhecimento e à comunicação vão mais além, em organizações do aprendizado, não se restringindo à questão do treinamento simplesmente, como se poderia supor a princípio.

O aprendizado real, para Senge (1990), está intrinsecamente associado ao ser humano e à capacidade de participar do "processo gerador da vida", e as organizações do aprendizado seriam as que estão continuamente expandindo a capacidade de criar e recriar seu futuro. Em vez das disciplinas ou funções tradicionais (venda, produção, informática etc.), em que as organizações são divididas e estruturadas, o autor propõe cinco disciplinas de caráter muito pessoal para construir as organizações do aprendizado: pensamento sistêmico, domínio pessoal, modelos mentais, visão compartilhada e aprendizado em equipe.

A transferência do aprendizado individual para o organizacional é eficaz à medida que os membros da organização conseguem tornar explícitos e transferíveis os seus modelos mentais. Para uma gerência ativa do processo de aprendizagem, é fundamental compreender que a disciplina dos modelos mentais representa a base da teoria de transferência do aprendizado individual para o aprendizado organizacional, no qual a mais importante das disciplinas, contudo, seria a capacidade de desenvolver um pensamento sistêmico.

Leonard-Barton (1995), por sua vez, ao analisar e ilustrar com vários exemplos o que chama de atividades centrais do processo de inovação (solução compartilhada de problemas, implementação e integração de novas ferramentas e processos técnicos de experimentação e confecção de protótipos, importação e absorção de conhecimento externo à firma, aprendizado com o mercado), ajuda-nos a trazer os conceitos de organizações do aprendizado para o dia a dia das empresas.

As tecnologias da informação e comunicação facilitam a implementação eficaz do aprendizado nas organizações, muito embora sirvam apenas como uma ferramenta nesse processo de aprendizagem.

Quintas (2001) aponta que muito das mudanças que tomam lugar na economia global estão associadas ao desenvolvimento e à difusão causados pelas TIC (Tecnologias de Informação e Comunicação), providas pelas novas tecnologias disponíveis na internet e pelas relações na rede sobre discussões de trabalhos em grupo.

O capital intelectual necessita ser ativamente retido e gerenciado pelas equipes de alta direção das organizações. Somente dessa forma as empresas conseguirão ser competitivas no mercado em que se encontram. O autor distingue três tipos de capital intelectual:

> *humano*: concebido pelo conhecimento do *staff* da administração;
> *estrutural*: habilidade de as organizações "empacotarem" o conhecimento em sua estrutura;
> *cliente*: fomentado pela "marca" e relacionamento com os clientes.

Pode-se considerar, ainda, que o conhecimento humano é tácito, sendo orientado para a ação individual, baseado em regras, e está em constante mutação, no qual uma melhor definição de conhecimento seja a competência (Sveiby, 1998). O autor considera que a competência de um indivíduo consiste em cinco elementos mutuamente dependentes:

> *conhecimento explícito*: envolve o conhecimento dos fatos e é adquirido principalmente por intermédio da informação, quase sempre na educação formal;
> *habilidade*: envolve uma proficiência prática, física e mental, sendo adquirida, sobretudo, por treinamento e prática. Inclui o conhecimento de regras de procedimento e habilidades de comunicação;
> *experiência*: é adquirida principalmente pela reflexão sobre erros e sucessos passados;
> *julgamentos de valor*: são percepções de que o indivíduo acredita estar certo. Eles agem como filtros conscientes e inconscientes quanto ao processo de saber de cada indivíduo;

> *rede social*: é formada pelas relações do indivíduo com outros seres humanos dentro de um ambiente e uma cultura, transmitidos pela tradição.

Na organização de hoje, o principal ativo é o capital intelectual e, por extensão, o trabalhador do conhecimento é essencialmente a fonte básica da formação do conhecimento. Relacionamos dois aspectos importantes a esse respeito:

> *utilização do conhecimento*: nesse aspecto, a tecnologia da informação efetivamente faz diferença. Não adianta muito investir na criação do conhecimento se não houver, na organização, uma cultura de pesquisa voltada para o aproveitamento desse conhecimento;
> *retenção do conhecimento*: reter, nesse caso, pode assumir dois sentidos – assimilar ou preservar o conhecimento;

A gestão do conhecimento pode ser uma metodologia adequada à preservação e à boa utilização desse conhecimento em prol da sobrevivência das organizações no mercado competitivo. Administrar, nesse contexto, exige cada vez mais gerentes do conhecimento. Quando discutimos o valor e a utilidade da intuição, ou da inteligência emocional, por exemplo, estamos revivendo questões filosóficas já consideradas pelos gregos na Antiguidade. Essa abordagem tem sido utilizada ao longo dos tempos, e com grande êxito, nas ciências, principalmente as exatas e as experimentais.

Hoje, buscam-se novas abordagens para além da visão reducionista no trabalho. A empresa precisa tanto da agilidade da iniciativa, da capacidade de se modificar e se adaptar continuamente quanto da confiabilidade, constância e permanência de seus sistemas de informação. O terceiro milênio estará cobrando essa dívida para com a exatidão no desenvolvimento de sistemas de informação em particular, e na gestão do conhecimento na empresa de forma geral.

Dar visibilidade ao conhecimento na organização e transformar o conhecimento tácito em explícito são os desafios fundamentais da gestão do conhecimento; por isso, é importante haver maturidade entre a distinção e a percepção da transferência de conhecimento.

Vejamos, no Quadro 2.6, a questão da obtenção do conhecimento, segundo Sveiby (1998).

Quadro 2.6 ⊘ A obtenção de conhecimento

PELA INFORMAÇÃO, TRANSFERE INFORMAÇÕES ARTICULADAS	PELA TRADIÇÃO, TRANSFERE CAPACIDADES ARTICULADAS E NÃO ARTICULADAS
Independente do indivíduo	Dependente e independente
Estática	Dinâmica
Rápida	Lenta
Codificada	Não codificada
Fácil distribuição em massa	Difícil distribuição em massa

Fonte: Sveiby, K. E. *A nova riqueza das organizações*: gerenciando e avaliando patrimônios de conhecimento. Rio de Janeiro: Campus, 1998.

Percebe-se pelo Quadro 2.6, que, pelo uso da informação, ao transformar o conhecimento tácito em explícito (nessas condições), o processo de transferência de conhecimento é mais eficaz que pelos moldes da tradição em uma organização.

Outro item importante a destacar é a diferença entre o contexto estratégico da informação e o do conhecimento. Para Sveiby, existem alguns pontos relevantes diferenciando as duas abordagens, conforme mostra o Quadro 2.7.

Quadro 2.7 ⊘ Os dois focos estratégicos: a informação e o conhecimento

ESTRATÉGIA ORIENTADA PARA A INFORMAÇÃO	ESTRATÉGIA ORIENTADA PARA O CONHECIMENTO
Baixo grau de customização	Alto grau de customização
Conhecimento vendido como derivativo	Conhecimento vendido como processo
Lucros crescentes em consequência da eficiência	Lucros crescentes em consequência da eficácia
Vantagens da economia de escala na produção	Desvantagens da economia de escala na produção
Grande volume e mercado de massa	Pequeno volume e clientes individuais
Investimento em tecnologia da informação	Investimento em pessoal
As pessoas são vistas como custo	As pessoas são vistas como receita

Fonte: Sveiby, K. E. *A nova riqueza das organizações*: gerenciando e avaliando patrimônios de conhecimento. Rio de Janeiro: Campus, 1998.

O que se percebe é a forte diferença entre a informação e o conhecimento, ainda que as duas abordagens utilizem-se da tecnologia da informação. A gestão do conhecimento provém da valorização e da evolução do saber do próprio indivíduo, tanto de forma individual como coletiva.

3 DESENVOLVIMENTO DA EDUCAÇÃO

3.1 Desafios na educação

A evolução dos sistemas educacionais é um grande desafio para a humanidade. Sem que haja essa evolução, a mudança necessária para a evolução propriamente dita não ocorrerá, principalmente nas situações em que a complexidade for maior.

D'Ambrósio (2001) define educação como a estratégia determinada pelas sociedades para levar cada indivíduo a desenvolver seu potencial criativo e, por sua vez, aperfeiçoar sua capacidade de se engajar em ações comuns.

Para Lévy (2000), qualquer reflexão sobre os sistemas de educação e de formação na cibercultura deve ser fundamentada em uma análise prévia da mutação contemporânea da relação com o saber. O ciberespaço (tecnologias virtuais, como a internet) suporta as tecnologias intelectuais, que amplificam, exteriorizam e modificam numerosas funções cognitivas humanas, tais como a memória (banco de dados, hiperdocumentos, arquivos digitais de todos os tipos), a imaginação (simulações), a percepção (sensores digitais, telepresença, realidades virtuais) e os raciocínios (inteligência artificial, modelos de fenômenos complexos). Essas tecnologias intelectuais oferecem:

> *novas formas de acesso à informação*: navegação por hiperdocumentos, caça à informação pelo uso de mecanismos de pesquisa, *knowbots* ou agentes de *software*, exploração contextual por mapas dinâmicos de dados;
> *novos estilos de raciocínio e de conhecimento*: a simulação, verdadeira industrialização da experiência do pensamento, que não advém nem da dedução lógica nem da indução, mas da experiência.

Moraes (1997) pondera as mudanças históricas que estão sendo exigidas para que o indivíduo possa sobreviver no seu universo cultural, bem como atuar, participar e transformar a sua realidade. Para a autora, compreende-se que a cosmovisão quântica traz uma compreensão do mundo mais holística, global e sistêmica, que enfatiza o todo em vez de as partes, e apresenta uma visão ecológica que reconhece a interconectividade, a interdependência e a interatividade de todos os fenômenos da natureza, além do perfeito entrosamento dos indivíduos e das sociedades nos processos cíclicos da natureza. Tudo está cheio de energia em movimento; tudo é sistema vivo, dinâmico, aberto. São estruturas dissipadoras em movimentos flutuantes que trocam energia com o seu meio ambiente.

A autora mostra ainda que a percepção ecológica do mundo e da vida compreende a mudança como componente essencial da natureza, a qual possui flexibilidade, plasticidade, criatividade, autonomia, integração, cooperação e auto-organização. Tudo é relativo, apenas provável, incerto e, ao mesmo tempo, complementar. As teorias e os embasamentos decorrentes da cosmovisão quântica incentivam a ocorrência de diálogo nos mais diferentes níveis e possibilidades, incluindo aí o diálogo amoroso do ser consigo mesmo, com a sociedade e com a natureza. Compreende o conhecimento produzido pelo sujeito na sua relação com o objeto, um conhecimento em rede no qual todos os conceitos e as teorias estão interconectados, crescendo e se transformando de uma forma sem fim.

A educação e a formação devem ser estendidas a todos, não somente a alguns. Todos têm o que aprender, inclusive os pesquisadores, tomando consciência de suas responsabilidades diante de suas próprias descobertas, de forma ética. Os responsáveis pelas decisões devem encontrar as soluções, da forma menos tecnocrática possível, a fim de valorizar os pesquisadores e os trabalhos que foram subvencionados, preocupando-se com a difusão necessária da informação científica.

Para Morin (2001), as estruturas do ensino promovem a disjunção entre o cérebro e o espírito, existindo justificativas filosóficas para definir o homem por oposição à natureza, impondo a ideia de que o conhecimento do homem só seria possível suprimindo-se o natural, sendo preciso a tentativa de pensar o complexo bioantropológico. "A organização de nosso corpo é hipercomplexa, além disso, somos indivíduos integrados na complexidade cultural e social. A complexidade não explica as coisas, mas sim aquilo que deve ser explicado."

O papel da educação deve ir além da instrução tradicional, passando a transmitir valores individuais, morais, familiares, sociais e até mesmo universais. O saber e o saber fazer necessitam unir-se ao desenvolvimento do indivíduo. Hoje, as pessoas estão mais críticas e atentas ao processo de mudança existente nas organizações e nas próprias instituições de ensino. Partindo desse princípio, é preciso evoluir a forma de aprendizado do indivíduo, considerando não só a educação de base, mas também a sua continuidade.

3.2 Os quatro pilares da educação

A Unesco tem procurado estabelecer os fundamentos de uma nova educação para o século XXI. Uma educação que ajude na construção de uma cultura de paz, mediante o respeito à diversidade criadora: uma educação multicultural. O relatório *Delors*, ao propor quatro pilares – aprender a conhecer, aprender a fazer, aprender a ser e aprender a viver juntos –, como eixos norteadores da educação para o século XXI, já havia percebido a importância de uma política multicultural nesse setor. No relatório, a educação tem por missão transmitir conhecimentos sobre a diversidade da espécie humana e levar as pessoas a tomar conhecimento da semelhança e da interdependência entre todos os seres humanos do planeta. Ensinando, por exemplo, os jovens a adotar a perspectiva de outros grupos étnicos ou religiosos, pode-se evitar incompreensões geradoras de ódios e de violências entre os adultos (Unesco, 2001).

Os fundamentos para uma nova educação propostas pelo relatório *Delors* foram ampliados por Morin (2000), chamando a atenção para a importância de ensinar a compreensão. O autor insiste que a compreensão mútua entre os seres humanos é vital para que as suas relações saiam de seu estado bárbaro de incompreensão. Daí decorre a necessidade de estudar a incompreensão a partir de suas raízes, suas modalidades e seus efeitos. Esse estudo é tanto mais necessário porque enfocaria não apenas os sintomas, mas também as causas do racismo, da xenofobia e do desprezo. Constituiria, ao mesmo tempo, uma das bases mais seguras da educação para a paz, à qual deveríamos estar ligados por essência e vocação.

A proposta de uma nova educação para o século XXI requer uma escola que se defina como agência de cidadania para formar mentes lúcidas e sem preconceitos. As sociedades do século XXI demandam cidadãos capazes de operar a solidariedade em todas as situações de vida. Na formação das crianças e dos jovens de hoje estará a esperança do futuro da sociedade.

À luz desse argumento, pode-se afirmar que uma educação de qualidade não é apenas a que assegura a aquisição de conhecimentos, mas também a que acrescenta aos conhecimentos adquiridos um sentido ético e solidário. O patrimônio de conhecimentos acumulado, ao longo dos séculos, pelas diversas culturas, deve ser posto a serviço do bem-estar das pessoas.

Assim, uma política de educação bem fundamentada deveria caminhar em direção à construção de uma cultura de paz e ao desenvolvimento da dignidade humana. A paz autêntica só se efetiva e subsiste quando ancorada no respeito à justiça para com as pessoas, individual e coletivamente considerada. A guerra e a violência surgem quando se negam os princípios democráticos da dignidade e da igualdade de direitos e deveres. Nesse sentido, paz e liberdade são um binômio indissociável.

Por isso, a construção de uma cultura de paz depende de uma escola plural que seja capaz de trabalhar pedagogicamente germinando o pensar, de modo a facilitar o florescimento da criatividade, que é inerente a todas as pessoas e a todas as culturas. Nenhum processo educacional deve perseguir objetivo diferente. A escola, como agência de cidadania é, por conseguinte, uma agência para essa cultura de paz.

Substituir uma cultura secular de violência e de guerra por uma cultura de paz requer um esforço educativo prolongado para mudar posturas e concepções. Sem uma nova mentalidade, não será possível conceber alternativas sustentáveis de desenvolvimento, que são indispensáveis para suprimir ou atenuar os vetores geradores da iniquidade e da injustiça social.

Dessa forma, o principal objetivo da educação é o desenvolvimento humano na perspectiva de uma cultura de paz, cabendo-lhe a missão permanente de contribuir para o aperfeiçoamento das pessoas numa dimensão ética e solidária. Para atingir esse aperfeiçoamento, tornou-se um imperativo do nosso tempo trabalharmos juntos uma nova ética universal, capaz de imprimir novos rumos ao desenvolvimento e recuperar o sentido da vida, sobretudo em relação às crianças e aos jovens, que anseiam por um mundo diferente.

A educação prepara o indivíduo para o mundo, dando-lhe sustentabilidade. Quanto melhor capacidade de aprender a aprender esse indivíduo tiver, melhores condições de efetuar mudanças as organizações terão, principalmente naquelas em que houver a presença de novas tecnologias.

3.3 A aprendizagem e o aprendizado

O aprendiz é um indivíduo que apresenta um perfil particular de inteligências desde o momento em que nasce. É singular em sua morfologia, em sua anatomia, em sua filosofia, em seu temperamento, em seu comportamento e em sua inteligência. Todos esses aspectos são dimensões de uma individualidade viva, de um sistema aberto e que existe no mundo fenomênico. É um ser de qualidade, um ser de existência, que busca sua autonomia de ser e existir.

O aprendiz deve estar atento às mudanças naturais da evolução da humanidade, engajando-se eticamente no sistema de educação.

De acordo com Moraes (1997), Piaget distingue aprendizagem de conhecimento. Aprender, para ele, é saber realizar. Conhecer é compreender e distinguir as relações necessárias, é atribuir significado às coisas, levando em conta não apenas o atual e o explícito, mas também o passado, o possível e o implícito. Para Piaget, o problema da aprendizagem implica o problema do conhecimento. Trata-se de um processo de construção completo, no qual o que é recebido do objeto e o que é constituição do sujeito estão indivisivelmente unidos. Não é um processo em que o indivíduo se limite a receber ou a reagir automaticamente ao que é recebido. Ele se restringe à noção de aquisição de conhecimento novo ou de um comportamento novo, decorrente do contato com o meio físico ou social que depende, sobretudo, do estágio de desenvolvimento individual.

O aprendizado para a questão do processo da gestão da educação é importante e vital, em especial em um mundo em permanente evolução, em que a transitoriedade, o incerto, o imprevisto, as mudanças e as transformações estão cada dia mais presentes. O conhecimento evolui de forma absolutamente incontrolável e a quantidade de informações disponíveis é cada vez maior, assim, como preparar o indivíduo para viver na mudança e não querer ingenuamente controlá-la? Moraes (1997) comenta ainda que o que marcará a modernidade é a didática do aprender a aprender, ou do saber pensar, englobando, num só todo, a necessidade de apropriação do conhecimento disponível e seu manejo criativo e crítico. A competência que a escola deve consolidar e sempre renovar é a fundamentada na propriedade do conhecimento como instrumento mais eficaz para a emancipação das pessoas.

O paradigma tradicional do aprendizado parte do pressuposto de que o indivíduo desenvolve melhor sua atividade como sujeito passivo e espectador do mundo. O currículo é estabelecido antecipadamente, de modo linear, sequencial, e a intencionalidade é expressa com base em objetivos e planos rigidamente estruturados, sem levar em conta a ação do sujeito e sua interação com o objeto, sua capacidade de criar, planejar e executar tarefas. Já uma nova abordagem requer uma nova visão de mundo, uma nova educação e, consequentemente, novos critérios para a elaboração de currículos e o consequente aprendizado. Já não se pode partir da existência de certezas, verdades científicas, estabilidade, previsibilidade, controle externo e ordem como coisas possíveis.

D'Ambrósio (2001) propõe uma nova abordagem de currículo, sendo este concebido de forma dinâmica, dividido em três tipos de atividades: sensibilização (que motiva para o momento educacional, aula ou correspondente), suporte (que dá os instrumentos de trabalho à medida que se tornam necessários) e socialização (na qual se pratica uma ação que resulta em um fato, objeto ou aprendizado).

Tudo está relacionado, recursivamente interconectado, em interação constante e em processo de transformação, no qual as leis da física referem-se às possibilidades de inovação e às probabilidades de que eventos ocorram. Não podemos trabalhar em educação com conceitos exatos, teorias fechadas, disciplinas fragmentadas, processos estanques. É preciso exercer uma conectividade neural com maior densidade e qualidade, porém essa concepção deve ser mais humana.

3.4 A inter e a transdisciplinaridade

A interdisciplinaridade trata da síntese de duas ou mais disciplinas, transformando-as num novo discurso, numa nova linguagem e em novas relações estruturais. A transdisciplinaridade seria o relacionamento de interdependência entre vários aspectos da realidade, a consequência normal da síntese dialética provocada pela interdisciplinaridade bem-sucedida. Como a interdisciplinaridade melhora a formação geral com base em conhecimento mais integrado, articulado e atualizado, numa construção autossuficiente do sujeito, ela também pode permitir a abertura de novos campos do conhecimento e de novas descobertas que possibilitem uma melhor formação profissional, que por sua vez favoreçem até mesmo a educação permanente, da qual se adquire uma metodologia emancipatória traduzida por competências e habilidades que levem o aluno a aprender durante toda a sua existência.

Para Moraes (1997), de acordo com a visão ecológica, todos os conceitos e teorias estão interconectados, não havendo conceitos em hierarquia nem uma ciência ou disciplina mais importante que outra. Busca-se um novo esforço para correlacionar disciplinas e descobrir uma axiomática comum entre elas.

Trata-se de uma condição fundamental de sobrevivência num mundo onde ciência, tecnologia e sociedade vêm se modificando em velocidade espantosa, surpreendente e inimaginável. Dessa forma, esse conceito de transdisciplinaridade também é vital para a aplicação nos processos na organização, pois todos os processos estão relacionados e entrelaçados.

A pluridisciplinaridade diz respeito ao estudo de um objeto de uma única disciplina por diversas disciplinas ao mesmo tempo.

Já a interdisciplinaridade relaciona-se à transferência dos métodos de uma disciplina a outra, sendo possível distinguir três graus de interdisciplinaridade:

> *um grau de aplicação*: por exemplo, os métodos da física nuclear, transferidos para a medicina, conduzem à aparição de novos tratamentos de câncer;
> *um grau epistemológico*: por exemplo, a transferência dos métodos da lógica formal para o campo do direito gera análises interessantes na epistemologia do direito;
> *um grau de geração de novas disciplinas*: por exemplo, a transferência dos métodos da matemática para o campo da física gerou a física matemática; da física de partículas para a astrofísica, a cosmologia quântica; da matemática para os fenômenos metereológicos, a teoria do caos; da informática para a arte, a arteinformática. como a pluridisciplinaridade, a interdisciplinaridade ultrapassa as disciplinas, mas sua finalidade também permanece inscrita na pesquisa disciplinar. Seu terceiro grau, inclusive, contribui para o *big bang* disciplinar.

A transdisciplinaridade diz respeito ao que está, ao mesmo tempo, entre as disciplinas, por meio das diferentes disciplinas e além de toda disciplina. Sua finalidade é a compreensão do mundo atual, e um dos imperativos para isso é a unidade do conhecimento. Para o pensamento clássico, a transdisciplinaridade é um absurdo, pois não tem objeto. Porém, para a transdisciplinaridade, o pensamento clássico não é absurdo, mas seu campo de aplicação é tido como restrito. Diante de diversos níveis de realidade, o espaço entre e além das disciplinas é cheio, como o vazio quântico é cheio de todas as potencialidades: da partícula quântica às galáxias, do *quark* aos elementos pesados, que condicionam a aparição da vida no universo.

Para D'Ambrósio (2001), o essencial da transdisciplinaridade reside numa postura de reconhecimento em que não há espaço e tempo culturais privilegiados que permitam julgar e hierarquizar, como mais corretos e verdadeiros, complexos de explicação e convivência com a realidade que nos cerca. Para o autor, "a transdisciplinaridade repousa sobre uma atitude aberta, de respeito mútuo e mesmo de humildade com relação a mitos, religiões e sistemas de explicações e de conhecimentos, rejeitando qualquer tipo de arrogância ou prepotência".

O novo cenário cibernético, informático e informacional vem provocando grandes transformações, não apenas no que se refere aos aspectos socioeconômicos e culturais, mas também na maneira como pensamos, conhecemos e apreendemos o mundo. A nova cidadania da cultura informatizada requer novos hábitos intelectuais de simbolização, formalização do conhecimento, manuseio dos signos e das representações, o que também exige uma nova gestão social do conhecimento, apoiada num modelo digital explorado de forma interativa. O fato de hoje já não se trabalhar apenas com manuais e teorias escritas no papel, mas também com modelos computacionais, corrigidos e aperfeiçoados ao longo do processo, vem desestabilizando o antigo equilíbrio de forças e formas de representação do conhecimento, fazendo com que novas estratégias e novos recursos sejam modificados na construção do conhecimento por simulação, o que é típico de uma cultura informatizada.

A informação mais rápida propicia uma alta produtividade e agilidade, trazendo, por conseguinte, segurança e qualidade mais eficazes, facilitando, cada vez mais, o processo da ação e integridade da tomada de decisões. As mudanças que estão ocorrendo no mundo atual, em ritmo bastante acelerado, trazem consigo novas formas de trabalho, novas maneiras de viver e conviver e influenciam a economia, a política e as formas como as sociedades se organizam, o que exige, por parte da sociedade, respostas mais ágeis, flexíveis e mecanismos cada vez mais participativos. Temos um mundo cada vez mais interativo e interdependente, condicionado especialmente pelos avanços científicos impulsionados pela indústria e pelo desenvolvimento das telecomunicações.

Esse novo processo de globalização, que gera novos espaços de convivência, bem como o uso e a partilha de diferentes instrumentos, continua provocando o surgimento de diversidades, desigualdades e contradições, em escalas nacional e mundial. É um mundo que se torna grande e pequeno, homogêneo e plural, articulado e multiplicado pelo uso de recursos de voz, de dados, de imagens e de textos cada vez mais interativos. Os pontos de referência multiplicam-se, dão a impressão de se deslocar, flutuar nos mais diferentes espaços, dispersar centros decisórios e globalizar os problemas sociais, políticos, econômicos e culturais.

Sabemos que, com a chegada da revolução da era da informação, instalou-se um caos nas redes de ensino e educação, tanto no cenário privado como no público. Isto porque muda a forma de construir o saber. Um aspecto fundamental a ser observado em relação ao paradigma emergente é a necessária valorização da qualidade da ação educacional, não apenas do conhecimento do atendimento quantitativo. Qualidade e quantidade são dimensões complementares em relação à totalidade, não são valores excludentes. A quantidade não exclui a qualidade e vice-versa. Ambas necessitam uma da outra para alcançar uma dimensão mais completa. A quantidade dá a ideia de extensão, ao passo que a qualidade indica a busca do aperfeiçoamento e do aprimoramento da dimensão do ser.

3.5 Educação a distância

Cada vez mais a demanda por educação a distância (EAD) cresce, impulsionada pelos avanços da tecnologia e pela necessidade de o aprendiz ter seu próprio tempo e ritmo de aprendizagem.

As plataformas de ensino a distância são aplicações, isto é, *softwares* desenvolvidos para apoiar o ensino/aprendizagem. Normalmente, incluem ferramentas que visam ajudar o professor a organizar, construir e gerenciar uma disciplina ou um curso *on-line*. Em geral, incluem também ferramentas de apoio ao aluno durante a sua aprendizagem. Funcionalidades comuns nessas plataformas são, por exemplo, ferramentas de comunicação como *chats* e fóruns. Tais plataformas são normalmente desenvolvidas levando em conta o tipo de utilização, sendo mais comuns na formação acadêmica, na formação profissional corporativa e na educação contínua.

Para Lévy (2000), em virtude de essas tecnologias intelectuais, sobretudo as memórias dinâmicas, serem obtidas em documentos digitais ou programas disponíveis na rede, elas podem ser compartilhadas entre numerosos indivíduos, aumentando, portanto, o potencial de inteligência coletiva dos grupos humanos.

A educação a distância pode facilitar a implementação de novas tecnologias do conhecimento nas organizações, pois facilita o processo de comunicação e aprendizagem (conhecimento). Por exemplo, utilização de intranets, por meio de disponibilização de manuais eletrônicos, *chats*, fóruns etc. Portanto, ela também pode ser aplicada em implementações mais complexas, assim como os sistemas de informação.

Mas há que se ressaltar que duas grandes reformas são necessárias nos sistemas de educação e formação vigentes. Em primeiro lugar, é fundamental a aclimatação dos dispositivos e do espírito da EAD ao dia a dia da educação. A EAD explora determinadas técnicas de ensino a distância, incluindo as hipermídias, as redes interativas de comunicação e todas as tecnologias intelectuais da cibercultura, nas quais se incentiva o novo estilo de pedagogia, que favorece, ao mesmo tempo, as aprendizagens personalizadas e a aprendizagem coletiva em rede. Nesse contexto, o professor é incentivado a tornar-se um instigador da inteligência coletiva de seus alunos em vez de um fornecedor direto de conhecimentos. A segunda reforma diz respeito ao reconhecimento das experiências adquiridas.

Atualmente, estão sendo desenvolvidas soluções completas de *e-learning*, mais direcionadas para a formação corporativa. Incluem tecnologia, conteúdos e serviços adicionais (implementação, aconselhamento, consultoria e outros serviços de apoio ao *e-learning*). Nas plataformas mais direcionadas para o meio acadêmico, o componente de conteúdos é normalmente produzido pelos docentes; no entanto, tais plataformas incluem ferramentas de produção e edição de conteúdos.

A educação a distância deve tentar inverter alguns paradigmas, principalmente quanto à produção de saber e à sua transmissão. Ela vem seguindo o mesmo ritmo da educação presencial, isto é, envia material escrito aos alunos (no caso de instituições de ensino), mantém contato com eles por qualquer via de comunicação e, ao final do curso, emite um diploma, reconhecendo-os como capacitados ao que se propuseram a estudar. Como se vê, o problema é que a maioria dos cursos presenciais e a distância apenas informa os alunos, esquecendo-se de formá-los como cidadãos viventes em sociedades.

A educação a distância, como proposta alternativa do processo ensino-aprendizagem, significa pensar em um novo modelo de comunicação, capaz de fundamentar e instrumentalizar a estratégia didática, o que se faz necessário porque muitos sistemas de EAD deturpam e distorcem a comunicação. A partir de estudos e experiências comunicacionais, surgem novos modelos de comunicação, em que o emissor não apenas transmite mensagens, mas promove processos de diálogo e participação. Assim, na educação e na comunicação, conforme comprovam os estudiosos do assunto, há muitos aspectos convergentes para abrir caminho a propostas alternativas, tanto na educação presencial quanto na educação a distância.

Embora a interatividade seja fenômeno elementar das relações humanas, dentre as quais as educativas, seus pressupostos não são comumente abordados. Interatividade nas relações comuns e universais já é, por si só, complexa o suficiente para exigir o concurso de fundamentos sociológicos, psicológicos (da educação e social), linguísticos e semióticos, para não falar em fundamentos históricos ou antropológicos. A interatividade depende da cultura do grupo.

No caso da EAD, o problema se agrava porque o material instrucional é o mesmo que vai ser estudado por muitas pessoas, cada qual limitada, de certo modo, por sua cultura grupal e social. É uma dificuldade a ser enfrentada e, sem dúvida, passível de superação, no caso de se ter o cuidado de estar sempre atento à realidade das diferenças individuais. Interagir com pessoas que têm diferentes princípios de vida, costumes, habilidades, conhecimentos, preconceitos, limitações de escolaridade e objetivos exige atenção e flexibilidade para localizar e procurar resolver dificuldades, bloqueios, incompreensões, objeções, entre outros.

Assim, não será incomum o surgimento, no processo de troca, de mensagens duplas, paradoxais, falsas, contraditórias ou incompreensíveis. Como a educação é um processo de comunicação midiatizada, no caso da EAD, o texto, que é uma mensagem, está automaticamente sujeito às incidências das dificuldades referidas, exigindo, exatamente por isso, maior cuidado na elaboração didática e nos demais passos do processo, a fim de evitar a interferência negativa dos diversos fatores em jogo.

Outra frente da EAD é a aprendizagem colaborativa (CSCL – *Computer Supported Collaborative Learning* – e o CSCW – *Computer Supported Cooperative Work*). A aprendizagem colaborativa é uma das estratégias que propicia um ambiente educacional colaborativo usando recursos tecnológicos. Ela se destaca como uma das formas rompedoras com a aprendizagem tradicional. A principal diferença dessas abordagens está no fato de que a aprendizagem colaborativa é centrada no aluno e no processo de construção do conhecimento, ao passo que a tradicional é centrada no professor e na transmissão do conteúdo disciplinar.

Uma característica básica da aprendizagem colaborativa é desenvolver um ambiente que incentive o trabalho em grupo, respeitando as diferenças individuais. Todos os integrantes possuem um objetivo em comum e interagem entre si em um processo em que o aluno é um sujeito ativo na construção do conhecimento, enquanto o educador é um mediador, orientador e condutor do processo educativo.

A aprendizagem colaborativa tem se destacado nas iniciativas de aprendizagem mediadas por computador à medida que apresenta um diferencial em relação à proposta pedagógica e ao uso de instrumentos tecnológicos.

A aprendizagem colaborativa é apresentada como uma estratégia educativa que viabiliza o processo de construção do conhecimento, com o apoio de computadores, entre pessoas que pertencem a um determinado grupo de trabalho. São vários os instrumentos tecnológicos que viabilizam o processo de comunicação. Entre as tecnologias assíncronas, podemos citar a troca de mensagens textuais entre os participantes de um grupo de trabalho por meio do correio eletrônico (*e-mails*), listas de discussão, quadros de aviso, *newsgroups* etc. Já as tecnologias síncronas necessitam de recursos complementares de *software* e *hardware* e são representadas pelos *softwares* colaborativos, em que há uma área de trabalho onde todos interagem sobre o mesmo objeto, bem como conferências (*chats*), que permitem a troca de informações textuais, e videoconferência e teleconferência, que permitem a troca de áudio e vídeo, entre outros recursos.

Diante da diversidade e pela presença de novas tecnologias do conhecimento, é preciso atenção para valorizar as diferenças, estimular ideias, opiniões e atitudes, e desenvolver a capacidade de aprender a aprender e de aprender a pensar, assim como levar o aluno a obter o controle consciente do que foi aprendido, retendo-o e sabendo como aplica-lo em outro contexto. Dessa maneira, a orientação e a diretividade são fundamentais para que o material instrucional realize o objetivo que deve caracterizá-lo.

Dessa maneira, o papel do educador do século XXI será crucial, pois a ele caberá a tarefa de alterar a si próprio, seu comportamento, uma vez que vem de uma cultura totalizadora em termos de aprendizado e ele mesmo estará fazendo a ponte do totalitarismo para o universalismo. Logo, seu papel não mais será o de apenas informar ou formar, mas também, e sobretudo, o de incentivar seus alunos a obter uma aprendizagem mais participativa e evolutiva.

Porém, essa aprendizagem deverá estar pautada em uma nova forma de pensar e fazer educação, partindo-se de uma consciência crítica coletiva para ações individuais que produzam respostas coletivas no processo de produção do saber. Evidentemente, essa produção poderá ser originada em ações ou experimentos empíricos, porém haverá de se conservar o compromisso de responsabilidade e de ética em tudo que se pretenda criar, desenvolver ou inovar.

A educação a distância vem crescendo rapidamente em todo o mundo. Incentivados pelas possibilidades decorrentes das novas tecnologias da informação e das comunicações e por sua inserção em todos os processos produtivos, cada vez mais cidadãos e instituições veem nessa forma de educação um meio de democratizar o acesso ao conhecimento, bem como de expandir oportunidades de trabalho e aprendizagem ao longo da vida.

Ocasionalmente debate-se, nacional e internacionalmente, qual a terminologia mais apropriada, uma vez que, com os inúmeros recursos tecnológicos, eliminam-se as distâncias e fronteiras e torna-se enorme a diversidade de arranjos e combinações possíveis. Encaramos *educação a distância* uma expressão idiomática que significa, na verdade, educação independente de distâncias.

Assim, para efeito desses referenciais, considera-se que a diferença básica entre educação presencial e a distância está no fato de que, nesta, o aluno constrói conhecimento – ou seja, aprende – e desenvolve competências, habilidades, atitudes e hábitos relativos ao estudo, à profissão escolhida e à sua própria vida, no tempo e local que lhe são adequados, não com a ajuda em tempo integral da aula de um professor, mas com a mediação de professores (orientadores ou tutores), atuando ora a distância, ora em presença física ou virtual, e com o apoio de sistemas de gestão e operacionalização específicos, bem como de materiais didáticos intencionalmente organizados, apresentados em diferentes suportes de informação, utilizados isoladamente ou combinados, e veiculados pelos diversos meios de comunicação.

O desafio de educar e educar-se a distância é grande, por isso, um dos objetivos desta obra é apresentar referenciais que orientem alunos(as), professores, técnicos e gestores na busca por maior qualidade dessa forma de educação, ainda pouco explorada no Brasil.

A superação da racionalidade tecnológica exige domínio das linguagens e tecnologias de que vamos dispor e abertura para a mudança de modelos "presenciais", no que diz respeito a aspectos culturais, pedagógicos, operacionais, jurídicos, financeiros, de gestão e de formação dos profissionais envolvidos com a preparação e implementação desses cursos.

As técnicas, tecnologias e métodos de educação a distância têm sido incorporados pelas melhores universidades do mundo em seus cursos presenciais. Essa forte tendência sinaliza, para um futuro próximo, o crescimento da educação combinada, ou seja, da educação que harmoniza presença e distância, balanceando-as de acordo com a natureza do curso e as necessidades do alunado. Em outras palavras, em algum momento futuro, não mais usaremos essa distinção tão comum hoje em nosso vocabulário: falaremos em educação sabendo que ela incorpora atividades de aprendizagem presenciais e atividades de aprendizagem a distância.

Muitas vezes, o leitor achará que um referencial já está subentendido em um item anterior. De fato, todos eles estão intrinsecamente ligados, como os pontos de uma rede de pesca. E, se em uma rede é tão forte quanto seu elo mais fraco, é necessário que a instituição de ensino adote uma abordagem global na construção de seu projeto, evitando que a falha em um ponto possa comprometer o bom desenvolvimento do todo.

Outras vezes, os referenciais se assemelham aos que são exigidos para os cursos presenciais. Isso é fato e reflete uma visão de que, com mais ou menos presença em uma sala de aula, o que importa para o cidadão e para a sociedade brasileira é ter uma formação pautada em inquestionável padrão de qualidade.

O princípio mestre é o de que não se trata apenas de tecnologia ou de informação: o fundamento é a educação da pessoa para a vida e o mundo do trabalho.

Com base nos fatores de referência em qualidade em educação a distância em documento concebido pela Secretaria de Educação a distância do Ministério da Educação e elaborado pela professora Carmem Moreira de Castro Neves e também por nossa experiência prática em projeto de concepção e implementação desse tipo de modalidade de ensino, trazemos para discussão por base e como referência alguns itens fundamentais que merecem a atenção das instituições que preparam seus cursos e programas a distância, bem como sua explanação: (a) compromisso dos gestores; (b) desenho do projeto; (c) equipe profissional multidisciplinar; (d) comunicação/ interação entre os agentes; (e) recursos educacionais; (f) infraestrutura de apoio; (g) avaliação contínua e abrangente; (h) convênios e parcerias; (i) transparência nas informações; (j) sustentabilidade financeira (NEVES, 2003).

Partiremos nossa discussão com base nas propostas apresentadas pela professora, muito embora essa discussão não seja definitiva quanto à sustentação em relação ao processo de qualidade na implementação da educação a distância em nosso país. É importante destacar que uma série de variáveis está em jogo no momento em que falamos sobre a qualidade no contexto educacional, seja na modalidade presencial ou a distância.

3.5.1 O compromisso dos gestores

Para Neves (2003), a decisão de oferecer cursos a distância exige muitos investimentos, os quais requerem preparação de pessoal (muitas vezes incluindo contratação de profissionais com perfis e competências diversas ou complementares ao quadro da instituição), infraestrutura tecnológica, produção de materiais didáticos, sistemas de comunicação, monitoramento e gestão, implantação de polos descentralizados, logística de manutenção e de distribuição de produtos, entre outros.

Muitas vezes, são necessárias algumas alterações em regulamentos internos em relação à participação acadêmica efetiva no trabalho dos professores nesse tipo de modalidade de educação. Algumas delas dizem respeito tanto a questões dos professores, funcionários, bem como dos alunos que realizam os cursos.

Quanto aos professores, podemos citar, por exemplo, as questões pertinentes à elaboração do material didático, à forma de trabalho a ser realizado perante o processo de tutoria (acompanhamento e execução das aulas como professor), bem como ao regime de trabalho que propõem. Um ponto importante a destacar é o tipo de envolvimento que o professor precisa ter com a Instituição educacional – a nosso ver, quanto mais motivado estiver o profissional, melhor deverá ser para o contexto educacional.

Quanto aos funcionários, é preciso notar que a forma de trabalho por meio da utilização das tecnologias da informação difere do tipo convencional, isto é, há a necessidade de haver o acompanhamento dos requerimentos que são solicitados de forma eletrônica, bem como do atendimento das solicitações realizadas internamente.

Já em relação aos alunos, um item que merece destaque é, por exemplo, a frequência mínima, que geralmente é de aproximadamente setenta e cinco por cento (75%). Metodologicamente, o autoestudo, como podemos citar, não requer esse tipo de obrigatoriedade de cumprimentos, mas, sim, de outras formas pedagógicas de metodologia empregada, assim como o cumprimento mínimo dos programas de cursos. Podemos elencar alguns itens, como, por exemplo: as leituras complementares, a realização dos exercícios propostos pelos professores, as atividades extracurriculares (alguns a chamam de atividades complementares) e a própria efetivação em si dos planos de aulas.

Portanto, como percebemos, a decisão e o compromisso dos gestores das instituições e dos sistemas educacionais é fundamental para o sucesso de uma política de cursos a distância.

Neste momento histórico, desprezar ou mesmo minimizar a importância das tecnologias na educação presencial e a distância é errar de século. Todo gestor – de Instituição e de sistema de ensino – precisa refletir sobre o compromisso que significa educar no século XXI. Décadas atrás, o grande mestre Paulo Freire alertava para uma educação "identificada com as condições de nossa realidade, realmente instrumental, porque é integrada ao nosso tempo e ao nosso espaço e leva o homem a refletir sobre sua ontológica vocação de ser sujeito". Nosso tempo hoje é o das crianças e jovens que nasceram, vivem e irão trabalhar numa sociedade em permanente desenvolvimento tecnológico. Nosso espaço é o de um mundo plugado a uma rede que afeta a todos, mesmo àqueles que não estão diretamente conectados. A educação que oferecemos deve livrar o homem da massificação e da manipulação e contribuir para que cada um possa ser o autor de sua própria história de forma competente, responsável, crítica, criativa e solidária.[1]

Segundo a autora, podem-se ser destacadas algumas características importantes quanto às responsabilidades dos gestores de uma instituição de ensino: (a) informar-se sobre o potencial das tecnologias na educação presencial e a distância; (b) avaliar com clareza o que é novo e o que é permanente em educação; (c) sensibilizar sua equipe para as mudanças necessárias que se fazem necessárias; (d) identificar, em conjunto com os profissionais da instituição, quais as áreas com maior probabilidade de sucesso para iniciar o processo de inserção das tecnologias nos cursos de sua instituição e sua oferta a distância; (e) coordenar a definição de um plano estratégico de trabalho e o cumprimento de seu cronograma; (f) identificar possíveis parceiros nas áreas pública e privada, que supostamente tragam benefícios para as questões voltadas para a educação, focando o contexto da qualidade; (g) buscar financiamento para apoiar todas as ações que sejam necessárias, em especial: preparação e contratação de pessoal, aquisição de infraestrutura tecnológica, produção de materiais didáticos, desenvolvimento de sistemas de comunicação, monitoramento e gestão, implantação de polos descentralizados, preparação da logística de manutenção e de distribuição de produtos.

3.5.2 O desenho do projeto

Um curso a distância necessita oferecer ao aluno referenciais teórico-práticos que colaborem na aquisição e construção de competências de aprendizagem. Para isso,

---

1 NEVES, C. M. C. *Referências de qualidade para cursos a distância*. Fonte: Portal MEC. Capturado em 10 de novembro de 2003 [ONLINE – Disponível na internet: http://portal.mec.gov.br].

é necessário que os alunos desenvolvam habilidades e atitudes que promovam o seu pleno desenvolvimento como pessoa, o exercício da cidadania e a qualificação para o trabalho, isto é, precisa estar integrado às políticas, diretrizes, parâmetros e padrões de qualidade definidos para cada nível educacional e para o curso específico. Dessa forma, o desenho do curso a distância necessita equivaler a essa carga horária de um curso presencial, cabendo ao aluno, em função de sua experiência e conhecimentos prévios, encurtar o tempo de estudos. Sua chance de aprender não pode ser cortada, *a priori*, pela Instituição (NEVES, 2003).

A autora ainda destaca que flexibilidade na educação a distância não quer dizer eliminar objetivos, conteúdos, experimentações ou avaliações. A flexibilidade em educação a distância diz respeito ao ritmo e às condições de que o aluno dispõe para aprender tudo o que se vai exigir dele por ter completado aquele curso, disciplina ou nível de ensino, necessitando, assim, a instituição de ensino estar preparada para esse conceito de flexibilidade, que vai exigir determinada maleabilidade para responder a diferentes ritmos, em que programas, cursos, disciplinas ou mesmo conteúdos oferecidos a distância necessitam exigir de forma concreta a sua administração, desenho, lógica, linguagem, acompanhamento, avaliação, recursos técnicos, tecnológicos e pedagógicos, que não são mera transposição do presencial, tendo a educação a distância, dessa forma, sua identidade própria.

Portanto, o uso das novas tecnologias da informação e das comunicações pode tornar mais fácil e eficaz a superação das distâncias, mais intensa e efetiva a interação entre professores e alunos, tornando, assim, mais qualitativo e educativo o processo de ensino-aprendizagem, e mais verdadeira e veloz a conquista de autonomia pelo aluno.

Os programas a distância podem, portanto, apresentar diferentes desenhos e múltiplas combinações de linguagens e recursos educacionais e tecnológicos, respeitando o fato de que não podem abrir mão da qualidade em todo o processo educacional. O certificado ou diploma recebido pelo aluno por um curso realizado a distância deve ter o mesmo valor que um realizado de forma presencial, formatando, assim, o reconhecimento e seriedade de um curso dessa modalidade.

Portanto, segundo nossas referências em qualidade para os cursos na modalidade a distância, uma instituição de ensino que deseja ofertar cursos ou programas a distância com qualidade deverá (NEVES, 2003):

a > conhecer a legislação sobre educação a distância e todos os instrumentos legais que regem a educação escolar brasileira, em especial os das áreas escolhidas (ver Anexo 2);[2]

b > atender às orientações dos órgãos legais, tais como o Conselho Nacional de Educação, dos Conselhos Estaduais de Educação e aos padrões de qualidade traçados para cada curso ou programa, respeitando objetivos, diretrizes curriculares nacionais, critérios de avaliação, perfil do profissional, dentre outros, além de explicitar a flexibilização da carga horária e do período previsto para integralização do currículo;

c > considerar as sugestões das entidades de classe, conforme a área do curso proposto;

d > somente começar a oferta do curso ou programa com o parecer do Conselho de Educação competente;

e > participar das avaliações nacionais, como Provão, SAEB, ENEM, ENADE, estaduais, quando houver;

f > as instituições de ensino necessitam estar de acordo com o programa do Sistema Nacional de Avaliação do Ensino Superior – SINAES;

g > respeitar as exigências que a Lei n. 9.394/96 estabelece para ingresso no Ensino Superior: classificação em processo seletivo e conclusão do Ensino Médio ou equivalente (artigo 44, inciso II);

h > estabelecer as bases filosóficas e pedagógicas de seu curso ou programa a distância;

i > iniciar a oferta somente quando estiver testado sua capacidade de atender às atividades comuns e resolver questões contingenciais, de forma a garantir a continuidade e o padrão de qualidade estabelecido para o curso;

j > distribuir responsabilidades de administração, gerência e operacionalização do sistema a distância;

k > identificar as características e situação dos alunos potenciais;

l > preparar os recursos humanos necessários para o desenho de um projeto que encontre o aluno onde ele estiver, oferecendo-lhe todas as possibilidades de acompanhamento, tutoria e avaliação, permitindo-lhe elaborar conhecimentos, adquirir hábitos, habilidades e atitudes, de acordo com suas reais possibilidades;

m > analisar o potencial de cada meio de comunicação e informação (impressos, televisão, internet, teleconferência, computador, rádio, fitas de áudio, videocassete,

---

2   O Anexo 2 – Legislação vigente sobre educação a distância no Brasil está disponível na página deste livro no site da Cengage.

< CAPÍTULO 3 – DESENVOLVIMENTO DA EDUCAÇÃO >

momentos presenciais, entre outros), compatibilizando-os com a natureza do curso a distância que deseja oferecer e as características de seus alunos;

n > pré-testar materiais didáticos e recursos tecnológicos a serem utilizados no programa, oferecendo manuais de orientação aos alunos;

o > providenciar suporte pedagógico, técnico e tecnológico aos alunos(as) e aos professores/tutores e técnicos envolvidos no projeto, durante todo o desenrolar do curso, de forma a assegurar a qualidade no processo;

p > apresentar aos alunos o cronograma completo do curso, cumprindo-o para garantir a tranquilidade durante o processo;

q > prever os espaços para estágios supervisionados determinados pela legislação, oferecer a estrutura adequada aos professores responsáveis por esse exercício, inclusive considerando alunos fora da sede, garantindo momentos privilegiados de articulação teoria-prática;

r > preparar plano de contingência para que não falte ao aluno o suporte necessário;

s > comprometer-se formalmente ante os alunos, em caso de descontinuidade do programa, motivada pela própria instituição, assegurar-lhes as condições/certificações necessárias para que possam pedir aproveitamento de estudos em outro estabelecimento ou programa.

Aqui, cabe destacar que talvez tudo isso seja muito fácil de estar contido no papel das instituições de ensino, porém, o mais difícil é cumprir todas essas responsabilidades. O projeto pedagógico de um curso espelha tudo o que se possa esperar da efetivação prática e teórica do aprendizado de um curso, refletindo inclusive no perfil pessoal e profissional de um indivíduo. Portanto, apresenta-se aí uma grande responsabilidade a ser cumprida, não somente pela instituição de ensino, mas também pelo corpo docente, que representa o curso e toda a infraestrutura de profissionais de apoio.

O social e o tecnológico
Quando existe avanço tecnológico sem avanço social surge, quase automaticamente, um aumento da miséria humana.
Michael Harrington (1928-1989) – sociólogo americano.

É importante também destacar algumas questões referentes tanto aos recursos bibliográficos quanto ao plano de capacitação do corpo docente.

Os recursos bibliográficos utilizados em cursos na modalidade a distância necessitam estar disponibilizados do modo presencial, com o acervo existente (inclusive em seus polos de distribuição e apoio pedagógico), bem como por meio de bibliotecas digitais e/ou virtuais. O sistema de biblioteca legado da instituição que oferece o curso nesse tipo de modalidade necessita disponibilizar seu acesso de biblioteca presencial para consulta e reserva de forma remota, de preferência por meio de sistema de informação específico.

Temos, por exemplo, algumas bibliotecas disponibilizadas no Brasil, pelo próprio Ministério da Educação, de acesso gratuito, tais como: Periódicos Capes (http://periodicos.capes.gov.br), e biblioteca de Domínio Público (http://www.dominiopublico.gov.br):

Fonte: Portal MEC, http://periodicos.capes.gov.br. Acessado em 13 de junho de 2013.

Domínio Público

Fonte: Portal MEC, www.dominiopublico.gov.br. Acessado em 13 de junho de 2013.

O programa de capacitação e atualização pedagógica necessita ser uma iniciativa da instituição de ensino justamente para estabelecer uma conscientização por parte de todos os envolvidos, possibilitando, assim, uma adequação cultural em relação ao contexto e à complexidade trazidos pela educação a distância. Esse programa visa permitir a atualização docente de acordo com as tendências do plano pedagógico em nível de graduação, pós-graduação, extensão e capacitação profissional, conforme regras em vigor, tanto das políticas institucionais como dos órgãos que regem e determinam o contexto de qualidade no país.

3.5.3 Equipe profissional multidisciplinar

Importantes mudanças acontecem quando os professores decidem trabalhar com tecnologias na educação presencial ou a distância. Em primeiro lugar, passam a ser aprendizes de novo: aprendizes de diferentes tecnologias, linguagens e modos de comunicação. Aprendem a gerenciar a sala de aula – presencial ou virtual – de outra forma. Aprendem, também, a conhecer a Lei de Direitos Autorais: o direito dos autores nos quais desejam se basear e os próprios direitos, já que passam a ser produtores de impressos, CD-Roms e páginas na Internet. Aprendem, ainda, a conviver com alunos que eventualmente conhecem mais a tecnologia do que eles mesmos, estabelecendo uma relação de aprendizado recíproco. É importante ter clareza de que educação se faz com e para pessoas. Por de trás de um software *inteligente, de um impresso instigante, de uma página multimídia bem montada, de um vídeo motivador existem a competência e criatividade de educadores e de outros profissionais comprometidos com a qualidade da educação* (NEVES, 2003).

A equipe profissional multidisciplinar necessita estar altamente conectada com as pessoas que, de uma forma ou de outra, estejam relacionadas ao curso. Para efeito de ilustração, mostramos, na tabela abaixo, como poderíamos ter, como exemplo, uma equipe de profissionais dedicada a programas de cursos na modalidade a distância, sem contar com os referidos professores e corpo técnico-administrativo em secretaria:

Quadro 3.1 ❯ Equipe de profissionais em educação a distância

RECURSOS	ATIVIDADES
Gestor (responsável) pela educação a distância	Dirige, detém a política e é o responsável direto pelo acompanhamento do programa de educação a distância
Coordenador pedagógico	Administra os demais coordenadores dos programas de cursos, orientando os professores conteudistas e tutores. É o responsável por todo o conteúdo disponibilizado aos alunos, atuando de forma conjunta e multidisciplinar com os professores conteudistas
EQUIPE MULTIMEIOS	
Instructor designer/Web designer	Atua de forma conjunta com o coordenador pedagógico, analisando a linguagem de comunicação empregada no material didático. Apoia a equipe de comunicação e *design* digital (comunicação de mídia digital) Interage com a equipe dos professores conteudistas, produzindo programas e aplicativos de apoio na execução do conteúdo dos cursos
Monitores/Atendentes	Darão o suporte técnico quanto à ferramenta de tecnologia, bem como o apoio em dicas pedagógicas aos discentes dos cursos
Operador de computador	É o responsável técnico pela manutenção do ambiente tecnológico de educação a distância
Estagiários (Comunicação/*Marketing*/Tecnologia da informação)	Darão apoio à equipe do projeto de educação a distância

Fonte: Elaborada pelo Autor.

Para Neves (2003), a instituição de ensino que oferece cursos ou programas na modalidade a distância, além dos professores especialistas nas disciplinas ofertadas e parceiros no coletivo do trabalho político-pedagógico do curso, deve contar com as parcerias de profissionais das diferentes tecnologias de informação e comunicação, conforme a proposta do curso, e ainda dispor de educadores capazes de: (a) estabelecer os fundamentos teóricos do projeto; (b) selecionar e preparar todo o conteúdo curricular articulado para procedimentos e atividades pedagógicas, inclusive interdisciplinares; (c) identificar os objetivos referentes a competências cognitivas, habilidades e atitudes; (d) definir bibliografias básicas e complementares e os recursos tecnológicos; (e) elaborar textos para programas a distância; (f) apreciar avaliativamente o material didático antes e depois de ser impresso, vídeo gravado, áudio gravado, entre outros, indicando correções e aperfeiçoamentos; (g) motivar, orientar, acompanhar e avaliar os alunos; (h) autoavaliar-se continuamente como profissional participante do coletivo de um projeto de curso ou programa a distância; (i) fornecer informações aos gestores e outros membros da equipe no sentido de aprimorar continuamente o processo; (j) apresentar currículo e documentos necessários que comprovem a qualificação dos diretores, coordenadores, professores, tutores, comunicadores, pesquisadores e outros profissionais integrantes da equipe multidisciplinar responsável pela concepção, tecnologia, produção, *marketing*, suporte tecnológico e avaliação decorrentes dos processos de ensino e aprendizagem a distância; (k) considerar, na carga horária de trabalho dos professores, o tempo necessário para atividades de planejamento e acompanhamento das atividades específicas de um programa de educação a distância; (l) indicar a política da instituição para capacitação e atualização permanentes dos profissionais contratados; (m) estabelecer uma proporção professor-aluno que garanta boas possibilidades de comunicação e acompanhamento.

3.5.4 A comunicação/interatividade entre professor e aluno

A relação e o próprio conhecimento entre alunos e professores são considerados pontos de vital importância para a questão do processo de ensino e aprendizagem nesse tipo de modalidade de ensino. Sem que haja essa relação, será muito difícil fazer com que exista não só o contexto da qualidade, mas também a própria fluência de qualquer viabilização do aprendizado.

Como professores, sabemos que, mesmo na modalidade de ensino presencial, já se torna difícil ter conhecimento profundo das necessidades e demandas. No ensino a distância, isso é ainda mais complexo.

Junto com a interação professor-aluno, a relação entre colegas de curso, mesmo a distância, é uma prática muito valiosa, capaz de contribuir para evitar o isolamento e manter um processo instigante, motivador de aprendizagem, facilitador de interdisciplinaridade e de adoção de atitudes de respeito e de solidariedade ao outro. Sempre que necessário, os cursos a distância devem prever momentos presenciais. Sua frequência deve ser determinada pela natureza da área do curso oferecido. O encontro presencial no início do processo tem se mostrado importante para que os alunos conheçam professores, técnicos de apoio e seus próprios colegas, facilitando, assim, contatos futuros a distância (NEVES, 2003).

Esse aprendiz, isto é, o aluno é considerado o foco de um programa educacional, e um dos pilares para garantir a qualidade de um curso a distância é a comunicação entre professores e alunos, e cabe-se destacar, hoje, facilitado pelo avanço das tecnologias de informação e comunicação.

Segundo Neves (2003), conforme modelo de referência em qualidade para a educação a distância, para assegurar a comunicação/interatividade professor-aluno, a instituição precisa: (a) apresentar como se dará a interação entre alunos e professores, ao longo do curso a distância, e a forma de apoio logístico a ambos; (b) quantificar o número de professores/hora disponíveis para os atendimentos requeridos pelos alunos; (c) informar a previsão dos momentos presenciais planejados para o curso e qual a estratégia a ser usada; (d) informar aos alunos, desde o início do curso, nomes, horários, formas e números para contato com professores e pessoal de apoio; (e) informar locais e datas de provas e datas-limite para as diferentes atividades (procedimentos de matrículas e rematrículas, recuperação e outras); (f) garantir que os estudantes tenham sua evolução e dificuldades regularmente monitoradas e que recebam respostas rápidas às suas perguntas, bem como incentivos e orientação quanto ao progresso nos estudos; (g) assegurar flexibilidade no atendimento ao aluno, oferecendo horários ampliados e/ou plantões de atendimento; (h) dispor de centros ou núcleos de atendimento ao aluno – próprios ou conveniados –, inclusive para encontros presenciais – são os chamados polos; (i) valer-se de modalidades comunicacionais sincrônicas como teleconferências, *chats* na internet, fax, telefones, rádio para promover a interação em tempo real entre docentes e alunos; (j) facilitar a interação entre alunos, sugerindo procedimentos e atividades, abrindo *sites* e espaços que incentivem a comunicação entre colegas de curso; (k) acompanhar os profissionais que atuam fora de sua sede, assegurando a esses e aos alunos o mesmo padrão de qualidade original e base de sua sede; (l) orientar todos os profissionais envolvidos no programa e organizar os materiais educacionais de modo a atender sempre ao aluno, mas também a promover autonomia para aprender e para controlar o próprio desenvolvimento; (m) abrir espaço para uma representação de estudantes que estudam a distância, de modo a receber *feedback* e aperfeiçoar os processos.

3.5.5 Os recursos educacionais

Os recursos educacionais merecem ser discutidos não somente por demandar o uso de materiais de apoio para a concepção e viabilização do processo de ensino e aprendizagem na modalidade de ensino a distância, mas também por ter um papel importante na questão de utilização de recursos que auxiliem na criação de cenários para que possa colaborar com o contexto de aprendizagem. Alguns autores, quando discutem o processo de aprendizagem, comentam que essa concepção de cenários favorece esse contexto da aprendizagem, assim como discute Peter Senge, quando aborda a gestão do conhecimento nas organizações – e na escola ou nesse tipo de ambiente, isso também não deixa de ser uma realidade.

São necessários outros tipos de práticas pedagógicas quando se aborda a modalidade de ensino a distância, isto porque com a utilização de novas tecnologias, como a da informação e comunicação, cada vez mais existirão novas possibilidades de utilização de recursos que podem contribuir com a construção de cenários para a viabilização efetiva da aprendizagem.

Conforme o próprio modelo de referência, elaborado pela professora Carmem, as instituições de ensino ou qualquer organização que se pressuponha a desenvolver cursos na modalidade a distância podem elaborar seus cursos baseados não só em material impresso, mas também, na medida do possível, em material de áudio, visual, audiovisual, incluindo recursos de última geração em tecnologia.

Assim, na construção de um curso ou programa a distância, é necessário: (a) definir quais mídias serão utilizadas na construção da proposta pedagógica; (b) considerar que a convergência dos equipamentos e a integração entre materiais impressos, radiofônicos, televisivos, de informática, de teleconferências, dentre outros, acrescida da mediação dos professores – em momentos presenciais ou virtuais –, criam ambientes de aprendizagem; (c) considerar que a educação a distância pode levar a uma centralização na disseminação do conhecimento e, portanto, na elaboração do material educacional, abrir espaço para que o estudante reflita sobre sua própria realidade, possibilitando contribuições de qualidade educacional, cultural e prática ao aluno; (d) associar os materiais educacionais entre si e a módulos/unidades de estudos/séries, indicando como o conjunto desses materiais se inter-relaciona, de modo a promover a interdisciplinaridade e a evitar uma proposta fragmentada e descontextualizada do programa; (e) incluir no material educacional um guia – impresso e/ou disponível na internet, que oriente o aluno quanto às características da educação a distância e quanto a direitos, deveres e atitudes de estudo a serem adotadas; que informe sobre o curso escolhido e a caracterização dos equipamentos necessários ao desenvolvimento do curso, nos casos das propostas síncronas (*on-line*); que esclareça como se dará a comunicação com professores, colegas, pessoal de apoio tecnológico e administrativo; que apresente cronograma, períodos/locais de presença obrigatória, o sistema de acompanhamento e avaliação, bem como todas as orientações que lhe darão segurança durante o processo educacional (NEVES, 2003).

É ainda necessário (a) informar, de maneira clara e precisa, que meios de comunicação e informação serão colocados à disposição do aluno (livros-texto, cadernos de atividades, leituras complementares, roteiros, obras de referência, *Web sites*, vídeos, ou seja, um conjunto – impresso e/ou disponível na rede – que se articula com outros meios de comunicação e informação para garantir flexibilidade e diversidade); (b) detalhar nos materiais educacionais que competências cognitivas, habilidades e atitudes o aluno deverá alcançar ao fim de cada unidade, módulo, disciplina, oferecendo-lhe oportunidades sistemáticas de autoavaliação; (c) utilizar plataformas de aprendizagem – no caso de cursos por meio de redes (intranet ou internet) – que favoreçam trabalhos colaborativos, unindo alunos fisicamente distantes; (d) desenvolver laboratórios virtuais das disciplinas ou conteúdos trabalhados que favoreçam a aprendizagem das diversas disciplinas do currículo e facilitem a experimentação nos momentos presenciais em laboratórios reais; (e) definir critérios de avaliação de qualidade dos materiais; (f) estimar o tempo que o correio leva para entregar o material educacional e considerar esse prazo para evitar que o aluno se atrase ou fique impedido de estudar, comprometendo sua aprendizagem; (g) dispor de esquemas alternativos mais velozes para casos eventuais; (h) respeitar, na preparação de material, aspectos relativos à questão de direitos autorais, da ética, da estética, da relação forma-conteúdo.

Certamente, cabe aqui uma série de outras discussões, porém, o que precisa ficar claro é que, por mais que esses recursos tecnológicos evoluam, o ideal é que as instituições de ensino procurem sempre acompanhar o seu processo de evolução – desde que essas ferramentas auxiliem no processo de ensino e aprendizagem, e nesse caso é necessário que haja o que chamamos de usabilidade dessas tecnologias, seja pelos professores, alunos e também pelo corpo técnico-administrativo que possuem uma responsabilidade muito de grande na contribuição não só nas orientações, mas também como por meio de suporte e apoio –, e é a partir daí que o contexto cultural da educação poderá estar de alguma forma se transformando de maneira evolutiva e construtiva.

Mas, é claro que, para que isso possa ser exequível, são necessários investimentos por parte das pessoas e organizações que estejam à frente da educação.

3.5.6 A infraestrutura de apoio

Compõem, ainda, a infraestrutura material de um curso a distância os núcleos para o atendimento aos alunos, inclusive em cidades e polos de apoio que estejam distantes da sede da instituição de ensino.

Esses núcleos ou polos devem ser adequadamente equipados para que os alunos distantes da sede tenham a mesma qualidade de atendimento que aqueles que residem perto e podem se beneficiar eventualmente da infraestrutura física da instituição.

A entidade organizadora em educação a distância necessita ter aporte tecnológico de última geração, se possível, que necessita ser disponibilizado tanto a professores, pesquisadores, bem como aos alunos interessados em conhecer a sua estrutura.

É necessário constar no Plano de Desenvolvimento Institucional (PDI) da instituição de ensino toda a concepção administrativa e acadêmica que darão o suporte adequado e necessário ao programa de educação a distância.

Há a necessidade de termos um espaço físico adequado para o atendimento, suporte e desenvolvimento da equipe de educação a distância da instituição de ensino. Propomos, dessa forma, uma sala que seja adequada às necessidades para esse tipo de modalidade de educação, contendo os seguintes equipamentos, dentre a qual estaremos dando o nome de Sala de Operações em educação a distância, tendo como base alguns equipamentos necessários: (a) computadores adequados; (b) impressora a *laser* de alta capacidade; (c) *scanner* de alta resolução; (d) porta de acesso restrito; (e) mesas com telefones para que os monitores e atendentes provenham o suporte necessário aos alunos; (f) mesa de reuniões e espaço para atendimento aos professores; (g) projetor multimídia, entre outros.

Com a tendência da educação tecnológica, isso pode sofrer mudanças, pois os recursos evoluem. Como exemplo, citamos a computação em nuvem (*cloud computing*). Não obstante, há a necessidade de que exista também um espaço adequado aos docentes da instituição, para que possam discutir questões pedagógicas, filosóficas e práticas sobre as concepções atuais e futuras do modelo de aprendizagem em educação a distância, realizando pesquisas e novos estudos nas áreas aplicadas ao conhecimento e aprendizagem, e conscientização na instituição sobre as questões relacionadas a essa modalidade de ensino. Dessa maneira, corrobora-se para a busca de melhores resultados em qualidade em programas de ensino a distância, por meio da participação de professores, pesquisadores e interessados. Poderíamos chamar esse espaço de sala de concepção e idealização em educação a distância.

Comprar e manter equipamentos apropriados, treinar professores e orientadores locais para usá-los eficientemente são condições necessárias, porém não suficientes para assegurar uma escola de um excelente programa de ensino a distância. Há outros fatores, muitos dos quais são mais afetivos do que o conhecimento propriamente dito, tais como a familiaridade do indivíduo e a habilidade em implementar suporte ao aprendizado.

Para uma adoção de tecnologia no ensino a distância com sucesso, algumas condições são necessárias: (a) treinar as habilidades necessárias para trabalhar com a tecnologia existente; (b) educação provendo visão e entendimento do estado de arte de desenvolvimentos e aplicações; (c) suporte para experimentos e inovações; (d) tempo suficiente para aprender e praticar.

Destacamos, abaixo, alguns dos principais recursos tecnológicos importantes para considerarmos em um projeto de educação a distância:

a) portal de informação

O portal de informação tem como responsabilidade maior o elo de entrada para todo o processo de informação e comunicação da instituição de ensino. Os portais corporativos se resumem em um determinado ambiente único e integrado, onde todos os participantes de uma rede de valor possam acessar e compartilhar informações estruturadas ou não, conhecimentos, *expertises,* colaborando entre si para executar suas funções de trabalho, não importando a fonte nem o formato em que a informação esteja. A criação de um grande *portal* de informação na educação implica a definição do que a instituição de ensino quer oferecer estrategicamente à sua comunidade, tanto interna como externa, contemplando questões operacionais e estratégicas, inclusive a "porta de entrada" do ambiente de educação a distância, isso no caso de utilização do ambiente pela internet.

b) banda larga em comunicação (internet)

A utilização de banda larga em comunicação de dados é de suma importância para o acesso das pessoas por meio da internet nos dias atuais. O ideal é que as organizações tenham um contrato com as operadoras de serviço em telecomunicação que possa suprir esse tipo de necessidade, porém, para que os custos sejam menores, é interessante ter formatado um contrato que seja tarifado pelo uso efetivo da banda de comunicação. O canal de acesso a esse mecanismo de infraestrutura tecnológica necessita conter uma base satisfatória em relação a não gerar perdas na utilização das ferramentas disponibilizadas, estando na ordem de alguns *megabits*, se assim for necessário – mas isso dependerá da quantidade de utilização dessas tecnologias de comunicação.

c) *software* LMS (*Learning Management System*) ou AVA (Ambiente Virtual de Aprendizagem)

O *software* LMS, ou *Learning Management System*, é utilizado na educação a distância como uma das suas principais ferramentas de apoio, quando se trata da utilização pela internet. Esse tipo de *software* é como o grande "guardião" de todo o contexto pedagógico, em termos de tecnologia da informação. É nesse ambiente do LMS que estão armazenados os conteúdos digitais das aulas elaboradas, por intermédio dos professores conteudistas, e todo o gerenciamento do ambiente de aprendizagem, como, por exemplo, as atividades realizadas e entregues pelos alunos, as dúvidas e resoluções dos problemas que surgiram em relação às aulas dadas, as conversas pelos *chats* e fóruns e as estatísticas de utilização dos recursos pedagógicos disponibilizados aos alunos. Trata-se de um ambiente sistêmico de armazenagem e de interatividade e nada mais do que isso, porém, de fundamental importância nos tempos atuais, tratando-se de questões de tecnologia de informação. Podemos enumerar alguns desses principais *softwares* utilizados, dentre os quais destacamos: Blackboard, Webct, Moodle, TelEduc, Sun, Amadeus, entre outros.

Cortesia: Blackboard, Grupo A.   *Cortesia*: Moodle.

Mostramos, a seguir, algumas das mais diversas características que esses *softwares* de gerenciamento de aprendizagem poder conter:

1 > permite a criação e a administração de ambientes de escolas virtuais;
2 > facilita a criação, a manutenção e o gerenciamento de cursos *on-line*;
3 > permite ao professor criar cursos personalizados;
4 > permite a importação de conteúdos de aula já prontos;
5 > permite a inclusão e a manutenção de imagens, sons, vídeos e áudios;
6 > incorpora ferramentas de mediação e colaboração pedagógica, assim como os *chats*, fóruns, blogues, entre outros;
7 > facilita a comunicação entre os participantes dessas comunidades;
8 > permite avaliar e monitorar a utilização do ambiente de aprendizagem pelos alunos;
9 > permite elaborar as estatísticas de utilização dos cursos;
10 > facilita o processo de treinamento de funcionários;
11 > permite a inclusão e a manutenção de materiais de apoio às aulas, tais como textos, perguntas frequentes, inserção de *hiperlinks*, entre outros;
12 > permite a inserção de avaliações dos referidos cursos, tal como atividades, provas, reflexões, contemplando desde perguntas abertas até as fechadas, inclusive, nesses casos, com a correção automática;
13 > permite a liberação de agendas dos cursos e, aliás, esse é um item muito importante quando se trabalha com a modalidade a distância.

d) servidores de dados

Os servidores de dados são os repositórios de toda a produção dos cursos na modalidade a distância, quando utilizado pela internet. Para isso, são necessários equipamentos que realmente comportem todo o desenvolvimento realizado e a usabilidade do ambiente educacional a distância, muito embora, pode-se optar pela terceirização do *datacenter* da estrutura dos servidores de tecnologia da instituição de ensino.

Para isso, porém, é necessário um investimento tanto em recursos humanos como em materiais de tecnologia da informação.

e) videoconferência

A videoconferência é um sistema interativo de comunicação em áudio e vídeo, permitindo que a interatividade aconteça em tempo real, transformando a sala de aula presencial num grande lugar espalhado geograficamente. A transmissão pode ser feita por vários meios, como: rádio, satélite ou linha telefônica. A aula pela videoconferência se constitui na apresentação dos conteúdos relativos à disciplina pelo professor e pelos alunos, por meio de seminários, solução de casos e outras atividades interativas, individuais e/ou em grupo. A videoconferência permite a utilização de todos os recursos de interatividade disponíveis em seus equipamentos periféricos: câmera de documentos, apresentação multimídia (CD-ROM, PowerPoint, Excel, entre outros) e internet.

f) internet

A utilização da internet visa promover uma maior interação aluno-professor e aluno-aluno, como um espaço de troca e produção coletiva de conhecimento e informação fora dos horários de aula pela videoconferência. Essa interação acontece por meio do *site* ou portal da instituição, disponível para os alunos e demais envolvidos no curso, onde o aluno encontra um conjunto de ferramentas multimídia desenvolvido especialmente para os cursos na modalidade a distância. No *site* ou portal de informação, necessitam estar disponibilizadas as ferramentas fundamentais para o aluno se comunicar com seus professores ou colegas, comentar as aulas, discutir temas relacionados às disciplinas em andamento, enviar sua produção ao professor e acessar complementos de disciplinas, bibliografias de referência, artigos e outras informações importantes para um bom desempenho no curso. Ao mesmo tempo, por meio do uso das ferramentas disponíveis, os alunos podem discutir em tempo real, utilizando a sala de reunião virtual, por exemplo, assuntos relacionados às disciplinas em andamento, inteirar-se das últimas novidades de cada disciplina, como mudanças de datas, horários, entre outros.

g) segurança

A estrutura de segurança torna-se vital para o processo de implementação tanto de serviços como de informação, bem como para não ficar sucetíveis a "ataques" de *hackers* de qualquer parte do mundo. O desenho de segurança ideal é constituído pela aquisição, implementação e administração de segurança por mão de obra cada vez mais especializada. É necessária, portanto, uma equipe de especialistas treinados, dispostos e preparados para atuar nas questões de segurança, planejando e atuando de forma eficiente e eficaz em políticas de ordem tecnológicas.

h) as novas tecnologias em multimídia

Podemos, sem sombra de dúvidas, contemplar em um projeto de educação a distância a utilização de novas tecnologias interativas em rádio e TV digital. Por exemplo, por meio de um estúdio multimídia, as pessoas especializadas estão aptas a realizar as gravações tanto em rádio como na TV, de forma síncrona ou assíncrona. Como exemplo da utilização dessas tecnologias, temos a AlltV (www.alltv.com.br)[3] e a rádio Jovem Pan (http://jovempan.uol.com.br/jpamnew/aovivo/).[4] Para tanto, é necessária a produção de vídeos e outras produções, por meio da criação de uma política de captações de cunho jornalístico, programas semanalmente exibidos por emissoras de televisão e um importante acervo videográfico. As ações em educação a distância, entretanto, exigem o desenvolvimento de tratamentos específicos nas questões da imagem, tendo em vista as peculiaridades que envolvem as questões de uso de tecnologias. É necessário, portanto, que se tenha uma equipe mínima de profissionais que atuem nesse segmento e, consequentemente, na produção de materiais pedagógicos, e auxiliem o corpo docente da instituição.

Para a criação desse grupo multidisciplinar, porém, é necessário o investimento em recursos de infraestrutura tecnológica, tais como os equipamentos específicos para referida utilização, como os digitais, cuja compatibilidade é cada vez maior e que tem apresentado custos paulatinamente decrescentes, com padrão de amostragem de alta resolução, e atendem a estas especificações de tecnologias, tais como as câmeras de vídeo: Digital-S – JVC e DVCPro, da Panasonic.

É importante destacar que essas especificações de equipamentos garantem a geração de sinais compatíveis com qualquer tipo de produto a ser realizado quanto ao

---

3 Fonte: Grupo All TV.
4 Fonte: Rede Jovem Pan.

uso de imagens e vídeos em educação a distância (exibição em emissoras de TV, teleconferências, videoconferências em banda larga, entre outros). Mostramos na figura abaixo um exemplo de trabalho realizado em um estúdio:

Figuras 3.2 > Estúdio de gravação de mídias.
Fonte: Rede Jovem Pan

É importante ratificar que a utilização desses recursos de tecnologias computacionais requer investimentos que consideramos elevados, porém, o importante a discutir é que tudo isso pode ser realizado gradativamente, até que as instituições de ensino atinjam um determinado grau de maturidade e qualidade cultural interna. Como quanto ao uso e à produção de materiais digitais, que pode ser realizado de uma forma gradativa e evolutiva até mesmo pelos próprios alunos dos cursos de jornalismo e de comunicação, desde que haja um cenário multidisciplinar para que isso aconteça. Seria utópico de nossa parte exigir ou até mesmo acreditar que esses elementos poderiam ser construídos de forma instantânea em um "clicar de mouse".

Na construção de um programa ou curso na modalidade a distância, a instituição de ensino necessita considerar os seguintes atributos necessários, segundo a identificação e discussão prévia da professora Carmem (NEVES, 2003):

> indicar e quantificar os equipamentos necessários para a instrumentalização do processo pedagógico e a relação proporcional aluno e meios de comunicação;
> dispor de acervo atualizado, amplo e representativo de livros e periódicos, acervo de imagens, áudio, vídeos, *sites* na internet, à disposição de alunos, professores e inclusive integrantes do corpo técnico-administrativo;
> definir política de reposição, manutenção, modernização e segurança dos equipamentos da sede e dos polos ou núcleos descentralizados;

> adotar procedimentos que garantam o atendimento a cada aluno, independentemente do local onde ele esteja (por exemplo: confeccionar embalagens especiais para entrega e devolução segura dos livros, periódicos e materiais didáticos);

> definir onde serão feitas as atividades práticas em laboratórios e onde serão os estágios supervisionados, inclusive para alunos fora da localidade, sempre que a natureza e o currículo do curso exigirem;

> oferecer, sempre que possível, laboratórios, bibliotecas e museus virtuais, bem como os muitos recursos que a informática torna disponível;

> organizar e manter os serviços básicos, como:

    a > cadastro de alunos e de professores;

    b > serviços de controle de distribuição de material e de avaliações;

    c > serviço de registros de resultados de todas as avaliações e atividades realizadas pelo aluno, prevendo-se, inclusive, recuperação e a possibilidade de certificações parciais;

    d > serviço de manutenção dos recursos tecnológicos envolvidos.

> designar pessoas (professores, profissionais do corpo técnico-administrativo) no auxílio e apoio para momentos presenciais e de provas;

> selecionar e capacitar os recursos humanos existentes nos polos de apoio para o atendimento aos alunos.

Ainda discutindo as questões relacionadas à infraestrutura de apoio, é merecido ratificar a grande importância das pessoas nesse contexto e, para tanto, o investimento no seu desenvolvimento é visto como fundamental. Outro ponto importante é que a instituição de ensino contenha sistemas de informações voltados ao controle e acompanhamento dos seus processos internos, de preferência que acompanhem as evoluções tecnológicas do presente e que haja uma garantia efetiva e de qualidade no uso dessas ferramentas pelos indivíduos de uma forma geral.

3.5.7 A avaliação continuada

O processo de avaliação dos cursos merece aqui uma discussão mais reflexiva. Não somente a avaliação em busca da qualidade de ensino é importante na modalidade a distância, mas também se faz necessário todo esse contexto de processo avaliativo no modelo presencial, porém, como estamos discutindo os cursos na modalidade a distância, outros indicadores devem ser tratados e demonstrados pelas instituições de ensino, ou qualquer entidade que se predisponha a oferecer e a disponibilizar esses cursos.

No caso das instituições de ensino, existe atualmente o conceito das comissões próprias de autoavaliação, uma equipe interna que tem como responsabilidade promover o conceito das avaliações dos cursos, bem como das questões pedagógicas, considerando a relação alunos, professores, equipe técnico-administrativa, coordenadores, diretores e outros dirigentes institucionais.

Muito embora essas equipes de avaliação interna apresentem um perfil multidisciplinar, sendo compostas por professores, alunos, integrantes da comunidade, coordenadores, entre outros, as questões referentes às metodologias de análise do fator qualidade de ensino necessitam indubitavelmente estar acima de tudo, fazendo com que essas comissões possam atuar de forma ativa na resolução dos problemas e ou falhas existentes, de forma ética e transparente.

A divulgação desses resultados de avaliação, não obstante, necessita ser realizada de forma a garantir a efetividade desses programas de avaliação, tanto pela internet, de forma detalhada, como internamente, junto às coordenações dos programas de curso, na forma de painéis, por exemplo. A avaliação realizada de forma responsável, ética e transparente é de fundamental importância para que o resultado final (diploma conferido) seja legitimado pela sociedade. Reconhecendo na avaliação um dos aspectos fundamentais para a qualidade de um processo de ensino e aprendizagem na modalidade a distância, temos a destacar alguns itens de que a instituição necessita (NEVES, 2003):

a > estabelecer o processo de seleção dos alunos;

b > informar, quando houver, a existência de um módulo introdutório – obrigatório ou facultativo – que leve ao domínio de conhecimentos e habilidades básicos, referente à tecnologia utilizada e/ou ao conteúdo programático do curso, assegurando a todos um ponto de partida comum;

c > definir como será feita a avaliação da aprendizagem do aluno(a), tanto no processo como as finais – estas, presenciais, conforme exige a legislação em vigor;

d > definir como será feita a recuperação de estudos e as avaliações decorrentes dessa recuperação;

< CAPÍTULO 3 – DESENVOLVIMENTO DA EDUCAÇÃO >

e > considerar a possibilidade de aceleração de estudos (artigo 47, § 2º da Lei n. 9.394/96) e a forma de avaliação, caso haja implicações no período de integralização e no cronograma estabelecidos *a priori* pela instituição;

f > considerar como será feita a avaliação de alunos que têm ritmo de aprendizagem diferenciado e a possibilidade de avaliar as competências e conhecimentos adquiridos em outras oportunidades;

g > tornar públicas todas as informações referentes às avaliações desde o início do processo, para que o aluno não seja surpreendido;

h > tomar todas as precauções para garantir sigilo e segurança nas avaliações finais, zelando pela confiabilidade dos resultados;

i > desenhar um processo contínuo de avaliação quanto:

> à aprendizagem dos alunos;

> às práticas educacionais dos professores ou tutores;

> ao material didático (seu aspecto científico, cultural, ético e estético, didático-pedagógico, motivacional, de adequação aos alunos(as) e às tecnologias de informação e comunicação e informações utilizadas, a capacidade de comunicação, entre outros) e às ações dos centros de documentação e informação;

> ao currículo (sua estrutura, organização, encadeamento lógico, relevância, contextualização, período de integralização, entre outros);

> ao sistema de orientação docente ou tutoria (capacidade de comunicação por meios eficientes; de atendimento aos alunos em momentos a distância e presenciais; orientação aos estudantes; avaliação do desempenho dos alunos; avaliação de desempenho como professor; papel dos núcleos de atendimento; desenvolvimento de pesquisas e acompanhamento do estágio, quando houver);

> à infraestrutura material que dá suporte tecnológico, científico e instrumental ao curso;

> ao projeto de educação a distância adotado (uma soma dos itens anteriores combinada com análise do fluxo dos alunos, tempo de integralização do curso, interação, evasão, atitudes e outros);

> à realização de convênios e parcerias com outras instituições;

> às avaliações contínuas do modelo de educação na modalidade a distância;

j > considerar as vantagens de uma avaliação externa;

k > acompanhar os resultados e a participação dos alunos em avaliações nacionais como Provão, SAEB, ENEM, ENADE.

3.5.8 Os convênios e parcerias

A implantação de um curso a distância, como vimos até agora, exige uma série de investimentos em recursos, como em infraestrutura, seja em tecnologia, material didático, estrutura e suporte de apoio, como equipes e polos ou núcleos de apoio. Fazer com que essa "malha" de recursos seja bem implementada, com recursos que desenvolvam forte qualidade para a concepção do produto final (que são os conteúdos e o resultado suficientemente satisfatório da aprendizagem que o referido curso se predispõe a ter ao seu usuário final –, que é o aluno), não é uma tarefa nada fácil de acontecer. Para isso, é requerido em alguns casos que haja a necessidade de se firmar convênios e parcerias, que podem ser (a) convênios com editoras, por meio da disponibilização de conteúdos, como, por exemplo, os chamados *e-books*; (b) parcerias com empresas de tecnologia, como, por exemplo, a utilização de recursos tecnológicos, tais como os *data center* de empresas especializadas no gerenciamento de servidores e sistemas operacionais e aplicativos, com ou não disponibilizando recursos humanos capacitados; (c) convênios com outras instituições de ensino – talvez, nesse caso, seja necessário deixar claro como se dá esse tipo de convênio e parceria ao aluno; (d) parcerias com empresas especializadas na confecção e/ou distribuição de material didático; entre outros.

O que precisa estar claro é que, tanto para quem disponibiliza esses serviços como para aquele que os utiliza, é necessária a confecção de contratos transparentes que possam garantir a qualidade e a acessibilidade dos cursos disponibilizados. Outros pontos importantes são o treinamento e o plano de conscientização para com as pessoas que irão gerenciar e dar suporte a esse tipo de formatação de convênios e parcerias.

3.5.9 A transparência nas informações

Esse item talvez seja o mais delicado, pois, quando tratamos de transparência, as coisas podem não serem tão fáceis assim. É necessário que a instituição de ensino deixe claras todas as regras que sejam pertinentes tanto às questões da viabilização dos cursos como ao contexto que envolve esta viabilização – como, por exemplo, ilustrarmos o regimento e normas de registros acadêmicos da instituição de ensino –, todas elas disponibilizadas de maneira impressa e também por intermédio de processos digitalizados no *site*/portal da instituição.

3.5.10 A sustentabilidade financeira

Como já abordamos em nossa discussão, a sustentabilidade financeira é muito importante para que o processo de educação a distância seja conduzido de maneira eficaz e com qualidade, pois muitos recursos humanos e técnicos precisam ser implementados. Sem dúvida, quanto mais qualidade tiverem os cursos e seus recursos de infraestrutura, mais eles serão procurados, pois não existirão barreiras de local e tempo. É claro que isso depende de contexto logístico de implementação dos polos de apoio junto à instituição, aumentando, dessa forma, a sua rentabilidade natural. Porém, é necessário um esforço muito intenso na busca da precisão dos modelos financeiros de investimento, para que nem as instituições sejam prejudicadas nem os alunos que estejam usufruindo desse tipo de aprendizado.

3.6 | Um modelo ideal em busca da educação a distância

Um modelo próximo do ideal em educação a distância necessita atender não só aos alunos de graduação, pós-graduação, mas também às universidades corporativas que desenvolvem projetos de *e-learning*, videoconferência, TV via satélite, soluções *blended* e metodologias desenvolvidas conforme as necessidades dos clientes e parceiros. Como a função básica de um bom modelo em educação a distância é a de lidar com a geração da aprendizagem e do conhecimento, a grande preocupação é quanto à forma e como esse conhecimento é apreendido e incorporado pelos alunos.

Considerando essa preocupação, a concepção de ensino a distância que sustenta um modelo de qualidade pauta-se no processo de reconstrução do conhecimento, pois o mesmo é o produto gerado entre as práticas coletivas, envolvendo uma série de ações entre professores, alunos, pessoal de apoio e infraestrutura que resultam em novos aprendizados e, consequentemente, em conhecimento adquirido pelos mesmos. Dessa forma, presumimos que o conhecimento é coletivo, assim como o saber. Portanto, por não se apresentar como um produto pronto, mas em constante evolução é necessário em sua construção, bem como a ativa participação de todos, alunos, professores e instituição geradora.

Para que esse processo da busca pelo saber possa acontecer, destacamos, abaixo, alguns pontos que acreditamos importantes para um modelo ideal em educação a distância: (a) que seja acessível a todos os membros de uma comunidade, de todas as situações e de todas as idades, criando efetivamente condições para a construção e prática da verdadeira cidadania; (b) seja sustentada na realidade, a partir do conhecimento e da compreensão do meio em que vivemos e atuamos, podendo agir de forma consciente; (c) que seja a favor da diversificação, identificando aptidões e vocações, de modo a maximizar as potencialidades de cada indivíduo; (d) auxilie na criação de uma visão científica, de forma que o aluno possa assumir uma postura investigativa frente à realidade da vida; (e) possibilite uma plena formação, atendendo não só à capacitação cognitiva do indivíduo, mas também a seus interesses e necessidades culturais; (f) dê suporte à formação profissional, atendendo às legítimas aspirações em relação ao exercício de uma profissão justa e digna; (g) propicie o desenvolvimento do indivíduo enquanto um ser social, adequando o seu contexto à realidade em que vivemos; (h) esteja atenta à necessidade de uma educação contínua, favorecendo, dessa forma, a integração do indivíduo junto a uma sociedade em constante transformação; (i) desenvolva o espírito crítico, contribuindo, de fato, para que o indivíduo possa exercer sua individualidade, autonomia e liberdade; (j) auxilie o aluno a compreender as bases econômicas e sociais da comunidade em que vive, de modo que possa contribuir para o emprego eficiente de seus recursos; (k) disponibilize atividades que possibilitem desenvolver o espírito de equipe e/ou grupo, de forma que o aluno possa atuar cooperativamente em função de objetivos comuns; (l) contribua para a construção de homens cientes e conscientes de sua existência.

Para que tenhamos qualidade e responsabilidade nas questões relacionadas com o ensino e a educação a distância, é necessário seguir alguns papéis, pelos indivíduos ou entidades que colaboram para a construção desse tipo de modalidade de educação:

> o professor conteudista: (a) realizar pesquisas voltadas para o processo e evolução da educação a distância; (b) preparar e ser responsável pelo conteúdo de qualidade da disciplina da qual é responsável; (c) ministrar e exemplificar didaticamente os conteúdos para os professores colaboradores; (d) participar, quando possível, das atividades assíncronas e síncronas num ambiente entre professor-aluno, professor-professor e aluno-aluno; (e) tirar as eventuais dú-

< CAPÍTULO 3 – DESENVOLVIMENTO DA EDUCAÇÃO >

vidas em relação ao conteúdo/módulo da disciplina que elaborou; (f) acompanhar as aulas pela internet e todas as atividades previstas no ambiente de educação a distância, monitorando, dessa forma, o trabalho dos professores colaboradores e tutores.

> o professor tutor do curso necessita: (a) apoiar a elaboração de conteúdo junto ao professor responsável pela disciplina; (b) ministrar e monitorar as aulas no ambiente de aprendizagem proposto; (c) utilizar a metodologia de ensino no curso, perante os alunos, tendo como base debates mediados no fórum do ambiente de educação a distância e intercalados com o uso do material didático disponibilizado; (d) elaborar e participar dos estudos de caso, emitindo análises construtivas; (e) sugerir pesquisas nos fóruns de aprendizagem; (f) motivar os alunos perante a participação nos seminários virtuais (apresentação em Power-Point® e *chats* com temas especiais), fazendo com que os alunos se utilizem das ferramentas de estudo; (g) discutir com os alunos temas nos *chats* e fóruns – participando, assim, das atividades síncronas e assíncronas; (h) procurar sempre se aprofundar quanto ao conteúdo teórico das disciplinas.

> o coordenador do curso tem como características: (a) preparo juntamente com o corpo docente do projeto pedagógico do curso, incluindo a sua concepção, objetivos, infraestrutura necessária, ementário e bibliografia; (b) a promoção de reuniões sistemáticas e periódicas com os docentes do curso para consolidar as suas ações de manutenção e qualidade; (c) a atualização e revisão dos conteúdos programáticos e referências bibliográficas junto à biblioteca, de acordo com o plano de ensino proposto; (d) resolver os serviços requeridos, tanto acadêmicos como administrativos, do curso; (e) acompanhar e apoiar os professores conteudistas e tutores; (f) implantar os critérios de avaliação no ambiente de aprendizagem; (g) atender aos alunos, quando necessário; (h) orientar e acompanhar a evolução e o contexto da realização dos cursos; entre outros.

> já a instituição de ensino necessita: (a) dar suporte adequado aos docentes, sempre que necessário; (b) fomentar a efetiva e necessária qualidade dos cursos (avaliação de fato e contínua); (c) fomentar a geração de estágio e empregos, aproximando o aluno do mercado de trabalho; (d) fomentar discussões sempre que possível, quanto ao processo de ensino e aprendizagem; (e) investir em tecnologias da informação e comunicação de ponta, desde que sejam adequadas à viabilização dos cursos; (f) promover o desenvolvimento de pesquisa e

desenvolvimento; (g) estar atenta quanto à importância do material impresso, disponibilizando-o de forma sempre revista e atualizada; (h) estar atenta quanto à importância de uma cultura organizacional transparente e ética, entre os envolvidos na condução dos cursos; entre outros.

Muito tem se evoluído no Brasil em relação à utilização da educação e ensino a distância. Como exemplo disso, segundo a Portaria n. 4.059, de 10 de dezembro de 2004 em seu artigo 1º. "As instituições de ensino superior poderão introduzir, na organização pedagógica e curricular de seus cursos superiores reconhecidos, a oferta de disciplinas integrantes do currículo que utilizem modalidade semipresencial, com base no art. 81 da Lei n. 9.394, de 1996", na qual caracteriza-se a modalidade semipresencial como quaisquer atividades didáticas, módulos ou unidades de ensino-aprendizagem centrados na autoaprendizagem e com a mediação de recursos didáticos organizados em diferentes suportes de informação que utilizem tecnologias de comunicação remota. Poderão ser ofertadas as disciplinas referidas a essa portaria, integral ou parcialmente, desde que esta oferta não ultrapasse **20% (vinte por cento) da carga horária total do curso**, sendo, porém, as avaliações dessas disciplinas ofertadas realizadas presencialmente.

Muito se tem feito, não só no Brasil, mas também ao redor do mundo quanto a questões da inclusão digital – uma dessas iniciativas é o projeto de Nicholas Negroponte, com o *laptop* de US$ 100, e do governo brasileiro, recentemente, com os estudos e a possibilidade de aquisição de um computador por aluno pelo ensino público, destinados aos alunos dessas escolas. Porém, não podemos deixar de lembrar que, antes de qualquer processo de inclusão digital, é importante que haja de fato a inclusão social e a verdadeira cidadania, por parte da sociedade em geral – e aí todos são agentes interlocutores desse meio: a própria sociedade, o governo e a iniciativa privada.

Nossa concepção a respeito da educação a distância é que, em um futuro próximo, ou até mesmo a partir dos tempos atuais, faz-nos acreditar que a educação como um todo será readaptada pela mediação trazida pelas novas tecnologias da informação e comunicação, e podemos por analogia dizer que a educação será mediada pelas novas tecnologias – isso acaba sendo um fato, fazendo-nos cada vez mais aumentar a responsabilidade tanto de forma individual, mas também coletiva para essa tendência que acreditamos ser natural –, aí a hipótese dual de que a relação entre o natural e o artificial estará sendo marcante em nossa era de vivência, na qual somente caberá a nós, indivíduos, evoluirmos em relação ao uso dessas novas tecnologias de forma responsável e humana.

É preciso, portanto, que procuremos as visibilidades, além da dimensão do lugar comum que envolve tudo o que vemos ou dizemos, para encontrar as possibilidades reais da educação a distância, abrindo um novo horizonte na educação – uma educação verdadeira e mais humana em nosso país, e no planeta em que vivemos.

3.7 O que é importante quando pensamos em implantar o EAD

A fim de sabermos o que fazer quando pensamos em implementar um bom programa na modalidade EAD, ou pelo menos aqueles programas que possam efetivamente fazer sentido, precisamos: (a) ter a justificativo do projeto; (b) ter escrito e discutido o que é, bem como a fundamentação adequada daquilo que seja o EAD para a instituição que está sendo implantada, isto é, é preciso discutir sobre o ambiente em que o mesmo está sendo inserido; (c) a integração da educação superior a distância no plano de desenvolvimento institucional (PDI), o projeto político-pedagógico (PPI) e os projetos de cursos envolvidos (PPCs); (d) a infraestrutura acadêmico-administrativa: estrutura formal para a EAD (coordenação e equipe) – núcleo ou departamento de EAD; (e) os elementos que compõem o projeto de oferta de cursos na modalidade EAD, tais como a infraestrutura adequada aos recursos didáticos (mídia digital, CDs, DVDs, estúdios de gravação, suporte de informação e meios de comunicação) adotados: infraestrutura tecnológica, recursos bibliográficos (digital e presencial), oficinas de capacitação e de desenvolvimento docente, orientações pedagógicas aos professores conteudistas, tutores, equipe administrativa acadêmica, investimentos.

O modelo pedagógico (a) ideal a ser adotado no EAD: *e-learning*, TV (satélite), **Híbrido – Misto**, também é de extrema importância, assim como (b) o repositório de registros acadêmicos: estrutura de apoio presencial e a distância; (c) os sistemas de informação, ambiente virtual de aprendizagem – AVA – e portal de informação adequados e estáveis que favoreçam o cenário de aprendizagem; (d) o contexto relacionado com o ensino-aprendizagem e organização curricular dos cursos em EAD; (e) o planejamento econômico para a viabilização do EAD na instituição; (f) a adaptação cultural e legal (regimentos e regulamentos)[5] da instituição de ensino para esse tipo de modalidade.

---

5 Regimento é o documento da instituição, avaliado e aprovado por órgão competente, que, no caso das instituições de ensino, é o MEC; regulamento se deve aos documentos e normatizações internas que as instituições desenvolvem.

A adaptação do plano de carreira docente (g), como cessão de direitos de imagem e voz, participação de rendimentos para com os materiais didáticos, remuneração do professor tanto conteudista como tutor também é importante, bem como (h) a devida atenção ao processo de interatividade entre professores e alunos, (i) a logística de distribuição dos materiais didáticos, tanto pela internet como pelos materiais impressos.

É preciso atentar-se também à produção do conteúdo da disciplina, ao material impresso, à qualidade dos materiais de mídia (aulas) produzidos, à linguagem dialógica quanto à produção dos materiais didáticos, aos processos técnicos de gráfica e de editoração dos materiais, entre outros.

A figura a seguir demonstra um pouco o que é o modelo pedagógico da modalidade de ensino a distância, em que podemos perceber um pouco de tudo o que foi dito acima, de forma interligada, conectada. A convergência das tecnologias de informação está acontecendo de uma maneira muito natural e rápida, em que tudo ou quase tudo está se conectando, como, por exemplo, as mídias sociais e digitais, por intermédio dos avanços da internet e dos televisores digitais.

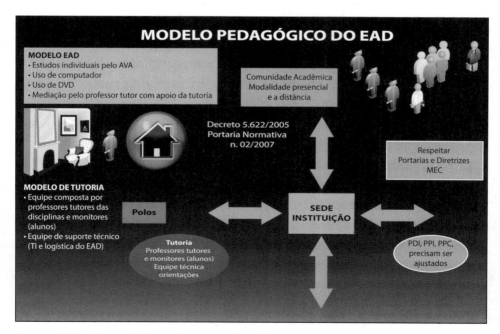

Figura 3.3 > O modelo pedagógico do EAD.

Fonte: do autor

Agora, há de se pensar em uma forma mais simples de se implementar o EAD, mais rápida e tranquila, ou seja, menos traumática, como, por exemplo:

> disponibilização de *chats*, fóruns *on-line* para suporte aos cursos (em algumas disciplinas no ensino presencial, por exemplo);
> incentivar as contratações de corpo docente que tenham conhecimento e experiência com esse tipo de tecnologia;
> intensificar a capacitação docente quanto ao uso do EAD;
> potencializar os recursos docentes internos para essa modalidade de ensino;
> criar grupos de pesquisa e estudos na instituição (CNPq) e encontros em áreas multidisciplinares e que envolvam de alguma forma a educação e as tecnologias educacionais;
> implementar parcerias nacionais e internacionais, com instituições que são detentoras de tecnologias educacionais;
> preparar a comunidade acadêmica quanto à mudança cultural do uso das TICs. Para isso, é necessário que exista uma **equipe mínima** requerida em tecnologias educacionais, como, por exemplo, a existência de um núcleo de educação a distância (NEAD);
> suporte técnico e infraestrutura mínima existente;
> investir e fomentar a produção de material didático, pois essa é uma condição importante nos projetos de credenciamento e na própria logística, isto é, para cada disciplina ofertada no EAD, no mínimo precisamos ter um "livro" impresso ou em meio digital, como referência e suporte;
> preparação de cursos de pós-graduação *lato sensu,* ou pelo menos a existência de um curso nesse tipo de modalidade com avaliações presenciais (como no caso do Brasil e sua legislação vigente atualmente);
> possibilidade de uso dos 20% (como no caso do Brasil e sua legislação vigente atualmente) do conteúdo dos cursos na graduação em *e-learning* e modelo pedagógico misto em EAD;
> fortalecimento tanto das estruturas físicas como dos recursos humanos (professores, tutores, equipe pedagógica como um todo) nos PAPs – Polos de Apoio Presencial.

De uma forma geral, podemos dizer que as grandes células da modalidade de ensino a distância (EAD) são as seguintes: (a) o material didático; (b) o professor conteudista – regente, no caso de linguagem televisiva; (c) os programas de tutoria;

(d) as tecnologias educacionais; (e) equipe de estúdio em mídias digitais e demais especialidades; (e) as editoras; (f) o setor de logística como um todo. A área acadêmica, então, necessita e deve ser uma forte aliada às tecnologias educacionais, conforme mostra a figura abaixo.

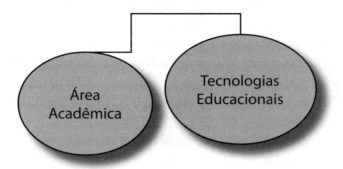

Figura 3.4 > Alianças do EAD.
Fonte: do autor

O caminho adequado para a modalidade de ensino a distância, seja em uma aproximação cada vez maior entre a educação e a comunicação, utilizando-se das ferramentas de TI. A essa aproximação chamamos de educomunicação

De certa forma, acreditamos que o modelo atual empregado pelo Telecurso 2º Grau, apresentado pela TV Globo em parceria com a fundação Roberto Marinho[6] (http://www.telecurso2000.org.br/telecurso/index.html#/main.jsp?lumPageId=1D-6530765D5644709741AEAA3622D3BC) seja um caminho bastante profícuo para a modalidade de ensino a distância, utilizando-se, é claro, de recursos tecnológicos adequados, em um cenário ético, entre as mais diversas mídias sociais compatíveis, integrando, assim, as linguagens visuais, escrita e falada.

---

6   *Fonte*: Fundação Roberto Marinho.

4 DESENVOLVIMENTO DO POTENCIAL HUMANO

A exploração do mundo subatômico no século XX revelou a natureza intrinsecamente dinâmica da matéria e mostrou que os componentes dos átomos, as partículas subatômicas, são padrões dinâmicos que não existem como entidades isoladas, mas como partes de uma rede inseparável de interações envolvendo um fluxo incessante de energia que se manifesta como troca de partículas, isto é, como uma interação dinâmica na qual as partículas são criadas e destruídas interminavelmente, numa variação contínua de padrões de energia. As interações de partículas dão origem a estruturas estáveis que edificam o mundo material, as quais não permanecem estáticas, mas oscilam em movimentos rítmicos. Todo o universo está, pois, empenhado em movimentos e atividades incessantes, em uma permanente dança cósmica.

Pessis-Pasternak (1993) comenta que esse universo de processo e de energia evoca determinadas noções das tradições espirituais, particularmente as do budismo, que permitem uma compreensão mais imediata dos novos conceitos de espaço, tempo e matéria.

Para Hoyos Guevara et al. (1998), a hipótese Gaia Terra dá ao ser humano uma grande responsabilidade, que é a de ser cocriador da vida, impondo a necessidade de estar consciente de um poder que a humanidade vem exercendo, sem refletir sobre ele e suas consequências: o poder de transformar a natureza, de interferir em toda a organização da vida no planeta, gerando efeitos do saber a todos.

A responsabilidade do indivíduo é cada vez maior, considerando os acelerados processos de mudanças, seja nas organizações, seja na própria sociedade. Ele deve ser e estar consciente das ações que realiza; deve ter muita vontade de que tudo possa ocorrer e fluir da melhor maneira possível, estando suas ações e emoções próximas da verdade.

4.1 O novo indivíduo

Vivemos em uma época de grande desunião e desconexão entre as pessoas e suas comunidades, entre raças, dentro das famílias, entre o cidadão comum e seus representantes políticos, entre as pessoas em cargos do governo, entre departamentos da mesma empresa, entre professores e diretores, médicos e enfermeiros, segurados e seguradores, gerência e mão de obra. A alienação e a mentalidade adversária estão em todo lugar, e esse cenário não é um estado espiritual, ao contrário, é a antítese do que a espiritualidade aspira realizar. Para podermos enxergar a conexão que existe à nossa volta, sob a superfície das aparências, precisamos nos libertar da ilusão da autonomia individual absoluta.

A espiritualidade trata fundamentalmente de dois aspectos: profundidade e conexão. Quanto mais espiritualmente desenvolvida for uma pessoa, mais ela verá a profundidade de significado e a importância subjacente à aparência superficial das coisas de nosso mundo. Quanto menos espiritualmente sintonizada for essa pessoa, mais provável é que confunda aparências ilusórias e realidade. Para Morris (1998), as necessidades espirituais dos indivíduos precisam ser satisfeitas no trabalho. Do contrário, esse trabalho será como uma viagem no deserto: exaustiva e, em vez de satisfatória, partirá da obrigação, não do propósito existencial. E ainda afirmou: "espiritualidade é profundidade, a profundidade subjacente à superfície, o sentido e o significado nem sempre visíveis aos nossos olhos. É conectar-se a uma fonte de energia pessoal e esperança positiva. No trabalho, é a capacidade de ver e executar o trabalho real de uma forma que normalmente não aparece na descrição oficial do cargo, e é a capacidade de mostrar aos outros essa profundidade adicional que, do contrário, eles não conseguiriam ver".

Seguindo nessa linha de raciocínio, quanto mais alta for a posição de uma pessoa em uma organização, maior será a tentação de perder o controle do significado espiritual do que está acontecendo em favor do jogo dos números e do prestígio.

Morris ressalva que dinheiro, posição e conquistas externas não são suficientes para satisfazer uma pessoa: a orientação interna da alma é o que faz a diferença no mundo.

Para Chanlat (1991), um indivíduo não é apenas uma pessoa que respira e pensa, mas uma pessoa que pode adotar um conjunto de procedimentos, métodos, atividades e vivências que a torne capaz de inventar dispositivos de adaptação para dar sentido ao mundo que a cerca. Por analogia, esse fato também ocorre no trabalho, onde os indivíduos passam pelo menos um terço de sua vida.

Não adianta buscarmos teorias para conseguir conquistar cada vez mais pontos em um mundo altamente mecanicista como o mundo em que vivemos, ou então, para obter a todo e qualquer custo novas alternativas para melhorar os processos nas organizações, com ou sem tecnologia da informação, e a melhor maneira de administrar a gestão do conhecimento sem nos darmos conta de que o que realmente vale a pena é o próprio entendimento do indivíduo (conhecimento de si próprio) e da razão de sua própria existência. Morris (1998) defende, ainda, que o mais poderoso motivador das pessoas no local de trabalho é o sentimento, continuamente reforçado pelas mensagens e pelo tratamento que recebem, de que o trabalho conjunto eficaz garantirá e promoverá o que essas pessoas amam e valorizam mais profundamente – por exemplo, a segurança de suas famílias, a prosperidade de suas comunidades, o senso de autoestima positiva e uma experiência de importância e orgulho de seu dia a dia.

Entendemos que, se gostarmos do que fazemos, é mais provável que o façamos benfeito. O importante não é a afeição ou a consideração por uma pessoa em particular, mas o sentimento mais profundo de que, ao fazer nosso trabalho, estamos, profunda e fundamentalmente, cuidando do que amamos.

É importante destacarmos as questões relacionadas ao poder, pois este sempre existiu nas organizações, e muitas vezes como mito invisível, influenciando e dirigindo a cultura e o clima organizacionais.

Em nossa cultura, esses poderes dominantes têm nomes gregos e romanos, e seus paralelos são facilmente encontrados em outras culturas. Para uma cultura predominantemente eurocêntrica, por exemplo, os padrões greco-romanos são os mais relevantes e diferenciados, logo, os mais poderosos (influentes, autorizados, prestigiados, controladores e tirânicos).

Hillman (2001) comenta que a ideia dos poderes além da vontade humana afeta os negócios cotidianos, e que, talvez, isso tenha um efeito mais poderoso que o céu acima de nós. "A intercessão dos anjos e a magia dos demônios são as ideias que habitam em nossa mente e passam despercebidas em nossa conduta diária." De todas as grandes e pequenas forças que subordinam nossas ações aos poderes superiores, para o autor, são as ideias que têm influência mais direta e imediata. Mais que às influências mitológicas, mais que à influência do Estado político, mais que à influência dos complexos inconscientes das emoções, estamos sujeitos às ideias, por meio das quais filtramos os poderes da religião, da política e da psicologia.

É necessário que os indivíduos que detêm o poder em uma organização passem por um processo de mudança (transformação e evolução) do seu estado de ser, tornando-se preferencialmente regidos por fundamentações éticas, sendo mais humanos e tendo maiores habilidades de entendimento e compreensão de pessoas e de determinadas situações encontradas nas organizações.

À medida que se mantém interagindo com seu meio ambiente, um organismo vivo sofrerá uma sequência de mudanças estruturais e, ao longo do tempo, formará seu próprio caminho individual de acoplamento estrutural – e, em qualquer ponto desse caminho, a estrutura do organismo é um registro de mudanças estruturais anteriores e, portanto, de interações anteriores. Para Capra (1996), a nova concepção de cognição, o processo do conhecer é, pois, muito mais ampla que a concepção do pensar. "Ela envolve percepção, emoção e ação – todo o processo da vida." No domínio humano, a cognição também inclui a linguagem, o pensamento conceitual e todos os outros atributos da consciência humana. No entanto, a concepção geral é muito mais ampla e não envolve necessariamente o pensar.

Para Maturana (2001), como sistemas vivos, os indivíduos existem em dois domínios fenomênicos que não se interconectam: o da realização da corporalidade (o domínio da fisiologia) e o do domínio das interações como totalidades (o domínio do comportamento). Apesar de não se interconectarem, tais sistemas são acoplados em sua realização pelo modo de operação do sistema vivo. O comportamento do organismo como um fluir de interações ocorre por meio dos encontros efetivos de seu corpo com o meio abiótico (onde não se pode viver) ou com outros organismos, mas ocorre em um domínio de ações.

Um sistema social, para Maturana, é um sistema fechado que inclui como membros todos aqueles organismos que operam sob a emoção de aceitação mútua na realização da rede de coordenações de ações que o realizam. Portanto, as fronteiras de um sistema social são as fronteiras emocionais e aparecem no comportamento de seus membros ao excluir outros organismos da participação na rede particular de coordenações de ações que constitui esse sistema social.

Uma mudança em um sistema social humano ocorre como uma mudança na rede de conversações gerada por seus membros, podendo ocorrer de duas formas:

> pelo encontro com outros seres humanos em redes de conversações que não o confirmam ou pela experiência em situações que não pertencem a ele;
> pelas interações que desencadeiam em nós reflexões sobre nossas circunstâncias de coexistência com outros seres humanos.

A consciência se manifesta em determinados graus de complexidade cognitiva que exigem a existência de um cérebro e de um sistema nervoso superior, sendo a consciência um tipo especial de processo cognitivo que surge quando a cognição alcança um dado nível de complexidade.

O conjunto dessas mudanças e transformações pessoais e sociais propicia o aparecimento de um novo indivíduo, o chamado cidadão planetário. Essa nova denominação diz respeito às habilidades, responsabilidades, atitudes e visão de mundo e de cosmos que esse novo homem começa a construir, tratando-se, portanto, do ser humano no contexto específico de uma sociedade inserida em um mundo altamente modificado pelas tecnologias de informação e comunicação hoje existentes e em processo de evolução.

D'Ambrósio (2001), em sua obra Transdisciplinaridade, lançada pela editora Palas Athena, vem nos ajudar na compreensão desse novo indivíduo, abordando a relação do comportamento humano e sua ação respectiva. Para ele, o comportamento e vida humanos são inseparáveis, sendo a vida a ação praticada pelo indivíduo na realidade e para ela. Essa ação segue uma estratégia planejada pelo próprio indivíduo como resultado de sua vontade e, posteriormente, do processamento da informação que vem da realidade.

Portanto, essa vontade do indivíduo existe na medida em que ele reage aos impulsos sofridos (informação) pela realidade e, voluntariamente, após o processamento dessa informação, acaba definindo estratégias para a ação sobre o real. Mostramos essa relação na Figura 4.1.

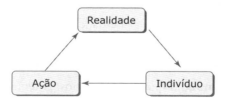

Figura 4.1 > Ação do indivíduo.
Fonte: Palas Athena.

4.2 Uma visão ética

A ética é definida como o estudo de juízos de apreciação referentes à conduta humana suscetível de qualificação do ponto de vista do certo e do errado, relativamente a uma determinada sociedade ou cultura, ou de modo absoluto. Na área profissional, ela procura guiar o indivíduo na tomada de decisões que sejam corretas do ponto de vista predominante na sociedade, em um determinado espaço de tempo.

A palavra ética vem do grego *ethikos* (*ethos* significa hábito ou costume). Na acepção empregada por Aristóteles, o termo reflete a natureza ou o caráter do indivíduo. Hoje também designa a natureza das empresas, uma vez que são formadas por um conjunto de indivíduos. Ética é um conjunto de princípios e valores que guia e orienta as relações humanas. Esses princípios devem ter características universais, precisam ser válidos para as pessoas. A ética pode ser definida de várias maneiras. Afirma-se que ética é justiça. Em outras palavras, inclui princípios que todas as pessoas racionais escolheriam para reger o comportamento social, podendo ser aplicados, também, a si mesmas.

Para Simonetti (1996), a ética tem a ver com obrigação moral, responsabilidade e justiça social. Por meio do estudo da ética, as pessoas entendem e são dirigidas pelo que é moralmente certo ou errado. Entretanto, o assunto continua controvertido. Afinal, o que pode ser eticamente correto para uma pessoa pode ser errado para outra. Por essa razão, a sociedade tende a definir ética em termos de comportamento. Por exemplo, uma pessoa é considerada ética quando seu comportamento está de acordo com sólidos princípios morais baseados em ideais como equidade, justiça e confiança. Esses princípios regem o comportamento de indivíduos e organizações e podem se fundamentar em valores, cultura, religião, e até mesmo em legislações, por vezes mutáveis.

A ética é um elemento essencial do sucesso de indivíduos e organizações. Por exemplo, nossa sociedade valoriza a liberdade pessoal. No entanto, se comprometermos nossa ética no exercício dessa liberdade, a sociedade será prejudicada. Isso significa que acabaremos por limitar nossa liberdade individual e o gozo da liberdade por outras pessoas. A ética, portanto, constitui o alicerce do tipo de pessoa que somos e do tipo de organização que representamos. A reputação de uma empresa é um fator primário nas relações comerciais, formais ou informais, quer estas digam respeito à publicidade, ao desenvolvimento de produtos ou às questões ligadas aos recursos humanos. Nas atuais economias nacionais e globais, as práticas empresariais dos administradores afetam a imagem da empresa para a qual trabalham. Assim, se a empresa quiser competir com sucesso nos mercados nacional e mundial, será importante manter uma sólida reputação de comportamento ético.

Segundo Sanchez Vasquez (1987), ética é algo teórico, que investiga ou explica algum tipo de experiência humana ou forma de comportamento moral dos homens. "A ética é a teoria ou ciência do comportamento moral dos homens em sociedade, ou seja, é a ciência de uma forma específica de comportamento humano." Para o autor, a ética não é a moral, ela explica a moral efetiva e a influencia; assim, ela estuda os atos humanos que afetam outros indivíduos e a sociedade como um todo.

As práticas empresariais éticas têm origem em culturas corporativas também éticas. A abordagem mais sistemática para estimular um comportamento ético é desenvolver uma cultura corporativa que crie uma ligação entre os padrões éticos e as práticas empresariais. Essa institucionalização dos padrões éticos começa com a compreensão da filosofia da ética e é sustentada por mecanismos como estrutura, crenças, códigos, programas de treinamento, comissões e auditorias sociais da corporação.

D'Ambrósio (2001) defende que a oportunidade de sobrevivência para a humanidade é a adoção de uma ética adequada para os nossos tempos, não se tratando apenas de uma ética da ciência ou da tecnologia, mas do surgimento de uma ética da diversidade, tendo o cidadão, o cientista e o educador um papel essencialmente de ter o seu fazer acompanhado por essa ética. Para esse autor, os princípios básicos da ética da diversidade são: respeito pelo outro com todas as suas diferenças; solidariedade para com o outro na satisfação de necessidades de sobrevivência e de transcendência; e cooperação com o outro na preservação dos patrimônios natural e cultural comuns à espécie.

Essas relações se fazem importantes na concepção do desenvolvimento do potencial humano, pois mesmo os indivíduos vivenciando e interagindo com novas tecnologias nas organizações acabam por adquirir essas mudanças de forma consciente e responsável.

Quanto a uma abordagem da ética, não podemos tratá-la como apenas mais um discurso, quando participamos de um processo de mudança na organização, principalmente nos processos em que referenciamos a tecnologia. Como estamos discorrendo, deparamo-nos com uma série de barreiras complexas no caminho da transformação, tanto dos indivíduos como da própria organização.

E, quando se trata de seguirmos uma determinada metodologia, o que nos resta é simplesmente executar uma ação, positiva, por sinal, em que a transparência não pode de forma alguma ficar de fora. É necessário também que o comprometimento dos indivíduos esteja coerente com os valores das organizações.

4.3 Visão ecológica e novos valores

O grande desafio para a humanidade não deve envolver questões materiais, mas o espaço interno de cada indivíduo. Para que ocorra o crescimento interior, é preciso criar condições para despertar no indivíduo uma consciência de si mesmo, uma capacidade de autoconsciência, a fim de que ele se volte para dentro de si e encontre a sua unidade. Isso permitirá ao indivíduo saber quem ele é; qual o seu mais alto potencial; quais os talentos e as qualidades que possui; como opera sua mente, seu espírito, sua individualidade; o que ele faz com suas emoções, seus sentimentos e seus afetos, tornando-o cada vez mais conhecedor de si. É esse estágio que chamamos de ganho ou atingimento da maturidade.

Esse é realmente um grande desafio, porém, a partir do momento em que o indivíduo se volta para a realização de ações que convirjam para uma maior simplicidade, isso poderá se tornar realidade.

A visão ecológica se aplica a todos os fenômenos físicos, biológicos, psicológicos, sociais e culturais e compreende os sistemas como totalidades integradas, que englobam não apenas a natureza, mas também a cultura e a sociedade. Essa visão enfatiza as ligações entre as coisas, os enlaces existentes entre todos os seres; mostra que tudo se relaciona com tudo em todos os pontos, como parte de uma totalidade ecológica. Traz como conceito central a noção de ecossistema, um conjunto organizador que existe com base na interação entre seres vivos e não vivos.

A percepção ecológica levará a mudanças nas formas de pensar e compreender o mundo, o que, por sua vez, induzirá à ocorrência de modificações correspondentes em seus valores, podendo nos levar a um novo sistema ético especialmente na sociedade e na ciência, com possíveis repercussões nas futuras formas de preservação da vida, pois os fatos científicos estão respaldados em percepções, valores e ações predominantes na sociedade. Essa nova percepção do ser pode colaborar para a melhoria do ser humano, trazendo, sobretudo, crescimento interno e espiritual.

Nas últimas décadas, o conceito de ambiente vem sendo profundamente revisto e discutido, sendo sua abrangência ampliada. É necessário pensarmos em ambiente de uma maneira essencialmente dinâmica, posto que sugere a interação constante com os seres vivos, em um processo contínuo de evolução.

Para Maturana (2001), vida é sinônimo de ininterrupta mudança, fluxo incessante entre viver e conviver. Para ele, os seres vivos são unidades sistêmicas e dinâmicas que possuem uma estrutura que interage com o meio e sofre mudanças para manter a sua organização. O termo *autopoiese*, criado por Maturana em 1970, é sugerido para expressar essa ideia, na qual *auto* é igual a si mesmo e *poiese* significa criação, construção; portanto, *autopoiese* é a criação, a construção de si mesmo. Essa dinâmica de *autopoiese* constitui e mantém a circularidade de um sistema vivo.

Nas suas pesquisas com os sistemas vivos, Maturana observou que as células, nas interações com o ambiente, sofrem mudanças significativas em nível estrutural, mas sua organização como identidade permanece inalterada, o mesmo ocorrendo com o ambiente. As interações ocorrem, portanto, mantendo uma coerência, pois "é o acoplamento estrutural que permite que uma célula incorpore continuamente".

Notamos isso no próprio metabolismo celular, em que, através de suas membranas, as células alimentam-se e trocam substâncias com o meio. Observa-se ainda que, "quando dois ou mais organismos interagem, recursivamente, como sistemas estruturalmente plásticos, cada um deles vindo a ser um meio para a realização da *autopoiese* do outro, o resultado é um acoplamento estrutural ontogênico mútuo" (MATURANA, 2001).

Então, podemos supor que essa constante mudança estabelecida pelo próprio fluxo da vida em cada um de nós estabelece e cria características múltiplas no ambiente em que estamos inseridos e vice-versa, mas sem que ocorra a perda de identidade.

Portanto, quando falamos em ambiente de convívio, podemos também visualizar o ambiente da organização, imaginando o indivíduo interagindo com seus colegas de trabalho em seu dia a dia, sofrendo adaptações necessárias para que essa interação se estabeleça, ou seja, um grupo heterogêneo de indivíduos, com diferentes culturas e histórias pessoais, necessitam de um contexto significativo para que de fato possa ocorrer desenvolvimento do ponto de vista cognitivo.

Moraes (2001), comentando Maturana, aponta ainda que propiciar espaços e criar ambientes é primordialmente estar em interação biótica, em fluxo com nossas próprias emoções, e que para externá-las necessitamos nos comunicar e, para tanto, utilizamos a linguagem para realizar essas interações emocionais: "(...) as palavras são nós em redes coordenadas e não são representações abstratas de uma realidade independente do fazer humano" e, portanto, as conversações "constituem redes de ações coordenadas, tecidas no próprio processo". Assim, conviver implica uma rede de sistemas de interações inatas do ponto de vista biológico.

Conclui-se que, se pensarmos em formação de ambientes, teremos de ampliar o nosso olhar e observar que toda e qualquer interação entre os interlocutores e o contexto é ativa. Mesmo que aparentemente possa parecer que estejamos imóveis, estamos processando em nosso organismo um fluxo energético e mental, uma "interatividade energética e material constante entre sistema vivo e meio, sinalizando também que estamos sempre exercitando ou desenvolvendo novas estruturas, indicando a ocorrência de mudanças contínuas" (MORAES, 2001).

A percepção ecológica discute questões profundas ao reforçar as relações existentes entre o indivíduo e a sua realidade, o seu contexto, a sua relação com o mundo da natureza, com a comunidade em que vive e com a cultura na qual está imerso. Tal percepção é profundamente questionadora ao abordar questões a respeito da nossa relação com a natureza e com os outros e com a própria teia da vida. Ela traz, em si, uma mudança de paradigma, uma nova mentalidade de abertura, uma sensibilidade distinta, uma maior flexibilidade e pluralismo, características que vão além da ciência e, em nível mais profundo, conduzem à consciência espiritual do nosso lugar no cosmo, no qual estamos todos interligados e somos interdependentes.

A percepção ecológica favorece a compreensão de que estamos em uma viagem individual e, ao mesmo tempo, coletiva, que nos leva a uma consciência de fraternidade e de solidariedade mais acentuada com os outros seres vivos, e a uma compreensão de que a nossa evolução ocorre e ocorrerá sempre em conjunto com outros seres, e que a harmonia, a paz e a felicidade tão almejadas dependem de mudanças de mentalidade não apenas individuais, mas coletivas.

A questão do conhecimento sob esse prisma acaba sendo um *continuum* do aprendizado e da maturidade do indivíduo. Mas não basta apenas o indivíduo obter o conhecimento de um ou outro processo. Ele deve estar atento ao que realmente o fará agregar valor à humanidade e a si próprio.

Para Lindfield (1992), o modo como percebemos a realidade está intimamente ligado ao conceito do indivíduo sobre a natureza do tempo e do espaço e que, à medida que as percepções mudam, mudam também as concepções dos indivíduos. O autor afirma que "atualmente o tempo está sendo percebido mais como uma qualidade e um campo de oportunidade do que como uma mera medida de uma quantidade abstrata. Se um novo entendimento está além do nível físico e mecânico de nossa existência, então pode ser que precisemos empregar instrumentos metafísicos para contatá-lo. A imaginação é uma dessas ferramentas altamente refinadas. É como um aparato de consciência finamente sintonizado dirigido para os céus, um gigantesco radiotelescópio capaz de captar os mais tênues sinais cósmicos e convertê-los na tela da mente concreta. Isso é tecnologia no mais alto grau".

Isso nos leva a crer que, quanto mais nos tornamos conscientes de nós mesmos e do que realmente está acontecendo na sociedade, mais envolvidos nos tornamos com a busca da execução das mudanças necessárias. Para que isso realmente aconteça, é necessário que o indivíduo pratique sua consciência de forma positiva e evolutiva.

Lindfield argumenta que a humanidade está vivendo um momento crítico, atingindo um ponto em que deve entrar em uma fase mais madura e aprender a participar de forma mais criativa e harmoniosa no que concerne ao assunto planetário, não para si próprias, mas em causa do equilíbrio e bem-estar de todo o sistema.

Para tanto, é necessário que haja uma mudança e uma transformação profundas em relação aos próprios valores preexistentes dos indivíduos, a fim de termos uma sociedade mais íntegra e humana.

Os valores humanos são os fundamentos éticos e espirituais que constituem a consciência humana. Tais valores tornam a vida algo digno de ser vivido, permitindo-nos constatar que não somos somente animais, mas seres conscientes.

Entramos em um ponto relativo e complexo ao tentar definir o conceito de valor, porém podemos destacar três visões a respeito, conforme Martinelli et al. (1998):

> *Visão subjetiva*: quando nosso desejo, preferência e satisfação determinam alguns dos fatores de que os valores pessoais dependem para a atribuição de importância a algo ou alguém.

> *Visão objetiva*: quando a atribuição de valor independe do avaliador, ou seja, reside no próprio objeto.

> *Visão relativista*: quando a relação entre o homem e o meio ambiente determina os valores. O conceito estabelecido de valores é definido, em parte pelo sentimento, e em parte pelo intelecto, tendo a razão como fator de regulação.

Para Martinelli et al., a natureza dos valores difere, embora seja parte de um mesmo fenômeno. Os valores podem ser físicos, mentais, sociais, políticos, econômicos, culturais, morais, éticos e espirituais, mas existem outros tipos, como os eternos, absolutos e universais.

Já Capra (1996) argumenta, quanto à questão da mudança de paradigma, não ser apenas necessário o indivíduo requerer uma expansão de suas percepções e maneiras de pensar, mas também de contextualizar a existência de novos valores. Para o autor, "o que é bom, ou saudável, é um equilíbrio dinâmico; o que é mau, ou insalubre, é o desequilíbrio – a ênfase excessiva em uma das tendências em detrimento da outra". O autor ilustra essa questão dos valores no Quadro 4.1.

Quadro 4.1 ◉ Conexão nas mudanças entre pensamento e valores

PENSAMENTO		VALORES	
Autoafirmativo	*Integrativo*	*Autoafirmativo*	*Integrativo*
Racional	Intuitivo	Expansão	Conservação
Análise	Síntese	Competição	Cooperação
Reducionista	Holístico	Quantidade	Qualidade
Linear	Não linear	Dominação	Parceria

Cortesia: Grupo Pensamento.

Percebe-se, na análise do quadro, que os valores autoafirmativos de competição, expansão e dominação estão geralmente associados aos indivíduos. Para Capra, na sociedade industrial os indivíduos não são apenas favorecidos, mas também recebem recompensas econômicas e poder político, sendo uma das razões pelas quais a mudança para um sistema de valores mais equilibrados é tão difícil para a maioria das pessoas – especialmente para o ser humano.

O simples fato de existir vida nas organizações humanas, geradas pelo fortalecimento de suas comunidades de prática, não só aumenta sua flexibilidade, criatividade e potencial de aprendizado, mas também aumenta a dignidade e a humanidade dos indivíduos que compõem a organização e que vão tomando contato com essas qualidades, em si mesmos. Em outras palavras, a valorização da vida e da auto-organização fortalece e capacita o indivíduo, tornando-o um novo ser, criando ambientes de trabalho sadios dos pontos de vista mental e emocional, nos quais as pessoas sentem-se apoiadas na busca da realização de seus próprios objetivos, não tendo de sacrificar a própria integridade a fim de atender às expectativas da organização.

4.4 Fluir, uma nova motivação

Durante o curso da evolução humana, as pessoas foram se dando conta, gradualmente, da enorme solidão perante o cosmos, bem como da precariedade de sua luta pela sobrevivência, elaborando mitos e crenças capazes de transformar as forças destrutivas e imprevisíveis da natureza em comportamentos manejáveis – ou ao menos compreensíveis.

Csikszentmihalyi (2000) comenta que a função da consciência é representar a informação sobre o que está acontecendo dentro e fora do organismo, de tal modo que o corpo possa evoluir e atuar em consequência disso, funcionando como uma central telefônica para as sensações, as percepções, os sentimentos e as ideias, estabelecendo, assim, prioridades sobre essas informações. A consciência funciona como eventos conscientes concretos (sensações, sentimentos, pensamentos, intenções) que acontecem conosco, sendo capaz de dirigir nosso curso; porém, isso tudo resulta em alguma complexidade. A complexidade, para o autor, resulta de dois processos psicológicos: a diferenciação e a integração. A diferenciação implica um movimento para a originalidade, para separar-se dos demais. Já a integração refere-se ao oposto: a união com outras pessoas, com ideias e entidades que se promovam ao nível da personalidade, e a personalidade é aquela que procura combinar essas tendências opostas.

Não obstante, é necessário que o indivíduo reaja às dificuldades encontradas, fazendo com que estas possam ser encaradas. Quando todas as habilidades pertinentes de uma pessoa vêm à tona para enfrentar os desafios de uma determinada situação, as atenções devem estar totalmente voltadas para as atividades necessárias e, portanto, deve haver muita concentração e controle por parte do indivíduo. Suas metas devem ser e estar claras e, para que isso ocorra, há a necessidade de uma retroalimentação automática, que impulsionará a evolução e as mudanças dos processos.

Um novo tipo de motivação discutida hoje é o que Csikszentmihalyi chamou da experiência de fluir ou *flow*. Esse estado ocorre quando o indivíduo, motivado e capacitado para a atividade, sente-se desafiado pela tarefa, concentra-se de forma extrema na sua resolução até o ponto de perda da noção de tempo, e emprega ao máximo suas capacidades. Ao mesmo tempo que realiza grandes esforços, não os percebe como tal, pelo menos no sentido negativo do termo (no sentido de sacrifício, de exaustão), justamente porque tais esforços são realizados em direção às suas próprias metas, não para atender às metas alheias. Há uma sensação de controle (da situação e de autocontrole), na qual a atividade é o fim em si mesma. A satisfação não se encontra apenas nos resultados, mas no processo como um todo, o que permite, por si só, uma sensação muito mais prolongada e enriquecedora.

Do grego *auto* (por si mesmo) e *telos* (finalidade), daí a personalidade autotélica, que busca a satisfação independentemente das circunstâncias, que aprecia o caminho, e não somente a chegada. O *flow* é diferente de apenas sentir prazer. O prazer, embora indispensável à felicidade humana, pode ser considerado um elemento absorvido passivamente, de caráter fugidio, que não traz lembrança de satisfação e não gera crescimento pessoal. Porém, o *flow* é duradouro, há sensação de controle dos eventos e crescimento pessoal, advindos da satisfação da superação dos obstáculos. Enquanto o prazer é um importante componente da qualidade de vida, mas não traz felicidade, sozinho, o *flow* gera crescimento psicológico e aumenta a complexidade do ser. As diferenças entre prazer e satisfação ficam nítidas quando se pensa nas formas de aproveitamento das capacidades sensoriais.

Para Csikszentmihalyi, é impossível fazermos por um longo tempo a mesma tarefa, com o mesmo nível de satisfação, sem ficarmos frustrados ou entediados.

Logo, o *flow* está no aumento gradual da complexidade das tarefas, levando a um incremento também gradual de nossas capacidades, isto é, ao desenvolvimento de nossos potenciais. É a busca por satisfação que nos move, que nos leva à procura de novos desafios e de oportunidades de realização de nosso potencial.

Assim, estariam presentes no *flow* os seguintes elementos: o desafio, as capacidades para enfrentá-lo, o "perder-se" na tarefa e a satisfação que leva ao esquecer do tempo que passa. Os que alcançam o *flow* conseguem focar a atenção em atividades ligadas às suas metas, controlam sua realidade subjetiva de forma a libertar-se de recompensas externas inatingíveis e encontram recompensas na atividade atual, à qual se entregam sem reservas, de forma ativa, dedicada e responsável. A personalidade autotélica cria condições de *flow*, transformando atividades áridas em atividades complexas, além de reconhecer oportunidades de ação em locais e situações que outros não reconhecem.

Porém, o grande desafio implícito ao indivíduo é fazer com que essa determinação marcante de conseguir vencer as suas barreiras possa vir à tona não de maneira singular e individual, mas de forma coletiva. Esse mesmo indivíduo precisa contaminar positivamente os demais componentes de seu grupo para que não somente ele vença, mas também os demais colaboradores da unidade organização, permitindo aos mais diversos níveis e subníveis integrar-se de forma harmônica.

A partir desse estágio, tanto o individual como o coletivo, a unidade organização e a humanidade estarão fluindo de forma mais dinâmica e evolutiva.

Essa vertente e linha de raciocínio permitem a possibilidade de indivíduos e organizações mais bem preparados na condução de projetos e processos metodológicos complexos.

Uma energia positiva precisa fluir não somente na vida das pessoas, mas também estar presente nas organizações. Como estas não têm vida (são as pessoas que lhes dão vida), as pessoas precisam, portanto, ser simples e de boa-fé, bem como ter a virtude de conduzir processos de transformação evolutivos tanto para a própria espécie como para as organizações.

Para Comte-Sponville (2000), a virtude é uma disposição adquirida de fazer o bem, porém ela própria não deixa de ser o bem, seja em espírito, seja em verdade. "As virtudes são nossos valores morais, mas encarnados, tanto quanto pudermos, mas vividos, mas em ato. Sempre singulares, como cada um de nós, sempre plurais, como as fraquezas que elas combatem ou corrigem." Já a simplicidade, para o autor, é o contrário da duplicidade, da complexidade, da pretensão. A boa-fé é o amor ou o respeito à verdade (verdade como objeto).

Há a necessidade de o mundo ser mais humanista, mais prático e realista e ter mais moral. Há a necessidade de a humanidade respeitar os direitos do homem e de sua dignidade. A humanidade não é algo absoluto, mas algo real proveniente de toda uma história.

No próximo capítulo, discutiremos as fundamentações teóricas pertinentes à metodologia em sistemas de informação, analisando alguns pontos relevantes, como a teoria dos sistemas e aspectos como a complexidade de implementação de novas tecnologias de informação nas organizações.

METODOLOGIA EM SISTEMAS DE INFORMAÇÃO

5.1 Teoria dos sistemas

A teoria da informação é uma teoria científica que se ocupa, essencialmente, da análise matemática dos problemas relativos à transmissão de sinais no processo comunicacional. Está ligada interdisciplinarmente à teoria da comunicação e pressupõe um universo com ordem redundância e desordem ruído, capaz de produzir a informação em si, organizadora de uma máquina cibernética. A finalidade primeira dessa teoria é isolar de seu contexto os elementos abstratos de representações invariáveis em outras formulações.

Morin (1984) considera a teoria da informação um instrumento teórico heurístico, não mais uma chave fundamental da inteligibilidade. Morin (1996) explica, ainda, que a base da complexidade advém de três teorias que se inter-relacionam: a teoria da informação, da cibernética, e a teoria dos sistemas, todas surgidas no início da década de 1940.

A cibernética é a ciência que se ocupa do estudo das comunicações e do sistema de controle dos organismos vivos e das máquinas em geral. Compreende a ideia de retroação, que substitui a causalidade linear pela curva causal. Trata-se de uma teoria das máquinas autônomas em que a causa atua sobre o efeito e este, por sua vez, sobre a causa. Em outras palavras, é o termostato que regula a caldeira num sistema de aquecimento, ocasionando a autonomia térmica local. Esse é um mecanismo de regulação que está presente em todos os aspectos e setores humanos e sociais. A cibernética pressupõe a existência de uma curva de retroação (*feedback*) que atua como um mecanismo amplificador. Dito de outra forma e utilizando-nos de um exemplo: trata-se de um ato violento de alguém, que provoca uma reação violenta de outro, que também irá gerar mais violência nas reações. São retroações que podem ser inflacionárias ou estabilizadoras e que estão presentes na vida nos mais amplos e diversos aspectos.

O espaço cibernético, para Morin (1996), é um terreno onde hoje funciona a humanidade. É um novo espaço de interação humana que já tem uma importância enorme, sobretudo nos planos econômico e científico, e certamente essa importância vai se ampliar e estender-se a vários outros campos, como, por exemplo, pedagogia estética, arte e política. O espaço cibernético é a instauração de uma rede de todas as memórias informatizadas e de todos os computadores. Atualmente, temos cada vez mais conservados, sob forma numérica e registrados na memória do computador, textos, imagens e músicas produzidos desta forma. A esfera da comunicação e da informação está se transformando em uma esfera informatizada.

Com o espaço cibernético, temos uma ferramenta de comunicação muito diferente da mídia clássica, porque é nesse espaço que todas as mensagens se tornam interativas, ganham plasticidade e têm uma possibilidade de metamorfose imediata. O espaço cibernético envolve, portanto, dois fenômenos que estão acontecendo ao mesmo tempo: a numeralização, que implica a plasticidade potencial de todas as mensagens, e o fato de que as mensagens potenciais são postas em rede. Dessa forma, esse espaço está se tornando um lugar essencial, o futuro próximo da comunicação e do próprio pensamento humano.

Para Bertalanffy (1969), um ponto forte relacionado à teoria de sistemas baseia-se no conceito da teoria da comunicação, no qual o sistema compreende, por intermédio de um receptor ou órgão de sentido qualquer, a mensagem, podendo ser esta um organismo vivo, um dispositivo tecnológico, representado por um nervo de condução etc. A partir daí, ocorre um centro de recombinações de mensagens de entrada, transmitindo-as a um determinado efeito, suprido por determinada quantidade de energia. Essa funcionalidade de efeito é, então, monitorada pelo receptor (*feedback*), fazendo com que o sistema seja autorregulador, garantindo, assim, a estabilização ou a direção da ação (Figura 5.1). Para esse autor, "a teoria geral dos sistemas é uma ciência geral de totalidade, o que até agora era considerado uma concepção vaga, nebulosa e semimetafísica. Em forma elaborada, ela seria uma disciplina matemática puramente formal em si mesma, mas aplicável às várias ciências empíricas".

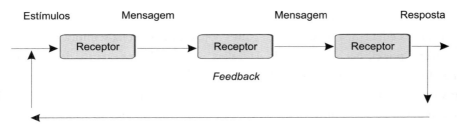

Figura 5.1 > Esquema simples de *feedback*.
Fonte: BERTALANFY, L. *General system theory.* Nova York: George Braziller, 1969.

No âmbito empresarial, se contextualizarmos a questão do conhecimento como pertencente a uma propriedade inserida no sistema empresa, no qual há essa questão e raciocínio, podemos, por analogia, afirmar que a organização é composta ou dividida por uma série de outros subsistemas conhecidos como áreas e departamentos que, de maneira síncrona, interagem entre si e com o meio ambiente.

Gelder (1997) discute que os sistemas são tomados como conjuntos de variáveis interdependentes. Uma variável é simplesmente alguma entidade que pode mudar, estando em diferentes estados e em diferentes tempos. Variáveis são interdependentes quando o modo com que qualquer uma muda depende das outras, e quando a mudança nas outras depende dela. O estado do sistema é simplesmente o estado ou valor de todas as suas variáveis em um tempo (*delta* t): o comportamento do sistema consiste em transições entre estados.

Estudar um sistema implica construir o par ordenado composto por uma variedade básica (V), que dá a concretude do sistema (pontos associados a pontos do espaço-tempo), e pela coleção de propriedades (P) que caracterizam o sistema; portanto, o sistema será $S = (V,P)$.

Na visão sistêmica, a realidade é preenchida por sistemas abertos em algum nível que, na maioria das vezes, afasta-se do equilíbrio, produzindo eventos. As cadeias de eventos no tempo são chamadas processos, que se propagam na estrutura do espaço-tempo, agindo sobre outros sistemas. No caso de um sistema humano, os processos são percebidos e codificados em alguma estrutura cognitiva: o processo, visto por essa interface, constitui o fenômeno (VIEIRA e SANTAELLA, 1999). Os sistemas apresentam história e memória que, por vezes, podem chegar ao observador de forma codificada. O trabalho científico consiste em projetar signos que consigam exprimir a temporalidade do processo, geometrizando algum aspecto dessa memória.

Para Vieira e Santaella temos, na visão sistêmica, a proposta de três sistemas relacionados: o sistema em si mesmo (algo como objeto dinâmico na semiótica *peirceana*); o processo por ele gerado, por meio da cadeia, em virtude dos eventos decorrentes de suas alterações de estados (no qual um estado é dado pelo conjunto de intensidades ou valores de suas propriedades representativas em um instante de tempo); e a própria representação cognitiva feita por um determinado observador (que nos remete ao conceito de objeto imediato). Portanto, o real é sistêmico e a perturbação ou processo que provoca em seu desequilíbrio também o é. Finalmente, o fenômeno e sua representação também o serão, existindo algum grau de isomorfia ou homomorfia entre esses três sistemas, que permitirá a possibilidade do conhecimento.

A utilização da tecnologia da informação em um sistema organização traz aos indivíduos maior produtividade e significativa melhora no processo de qualidade em suas atividades, bem como o próprio encapsulamento das funções realizadas nos computadores. É importante, para as empresas modernas, o controle do que está sendo realizado internamente em seu sistema, pois se objetiva o próprio controle das operações, como também os aspectos de segurança, porém, como já discutimos, esse processo é complexo. Segundo Morin (2001), *complexus* significa o que foi tecido junto. Há complexidade quando elementos diferentes são constitutivos inseparáveis do todo (como o econômico, o político, o sociológico, o psicológico, o afetivo, o mitológico), e quando há um tecido interdependente, interativo e inter-retroativo entre o objeto de conhecimento e seu contexto, as partes e o todo, o todo e as partes entre si. Por isso, a complexidade é a união entre a unidade e a multiplicidade. "Os desenvolvimentos próprios em nossa era planetária nos confrontam, de maneira cada vez mais inelutável, com os desafios da complexidade." Na organização, essa complexidade também ocorre com a presença da tecnologia da informação.

Prigogine e Nicolis (1989) comentam que a complexidade faz parte de experiências diárias. Encontramos nessas partes contextos extremamente diversos durante toda a nossa vida, mas, mais comumente, sentimos a complexidade como algo relacionado às manifestações de nossas vidas. Já para Prigogine (1996), há uma distinção fundamental entre movimentos estáveis e instáveis. Os sistemas dinâmicos estáveis são aqueles em que pequenas modificações das condições iniciais produzem pequenos efeitos. Mas, para uma classe muito extensa de sistemas dinâmicos, essas modificações se amplificam ao longo do tempo. Os sistemas caóticos são um exemplo extremo de sistema instável, pois as trajetórias que correspondem a condições iniciais divergem de maneira exponencial ao longo do tempo.

Existem vários fatores que devem ser considerados quando se aborda a utilização da tecnologia da informação nas organizações, as quais são vistas como um sistema aberto nesse momento e, por meio da entrada (uso) da tecnologia da informação, encadeia-se uma série de possíveis transformações, partindo sempre do conhecimento e do uso dessas ferramentas pelo indivíduo em seu posto de trabalho.

Como a organização está aberta ao meio ambiente, ela sofre alguns tipos de pressão, como socioeconômica, ou até mesmo de fenômenos preexistentes, como guerras, epidemias, crises energéticas, entre outras – mas isso é apenas um item que pode variar pela presença da tecnologia. Outros itens são impostos no próprio ambiente interno: a cultura organizacional, os processos internos realizados pela empresa, as decisões políticas e gerenciais, bem como as oportunidades geradas internamente pela máquina organizacional.

Defrontamo-nos com a questão da complexidade existente na organização e, quando precisamos efetuar qualquer tipo de mudança em seus processos internos, não só pela presença da tecnologia da informação, mas por fatores preexistentes, como, por exemplo, a cultura organizacional, desencadeamos uma alta complexidade interna e, portanto, haverá a necessidade de entendimento e equilíbrio interno.

Segundo Capra (1982), "o equilíbrio natural dos organismos vivos inclui um equilíbrio entre suas tendências autoafirmativas e integrativas. Para ser saudável, um organismo tem de preservar sua autonomia individual, mas, ao mesmo tempo, estar apto a integrar-se harmoniosamente em sistemas mais vastos. Essa capacidade de integração está intimamente relacionada com a flexibilidade do organismo e com o conceito de equilíbrio dinâmico. A integração num nível sistêmico manifestar-se-á como equilíbrio num nível maior, tal como a integração harmoniosa de componentes individuais em sistemas maiores resulta no equilíbrio desses sistemas".

A ideia de equilíbrio em um determinado sistema se faz importante, pois, sem essa questão, em um cenário complexo como é o caso das organizações, possivelmente a implementação de mudanças não terá o devido sucesso.

5.2 Sistemas de informação

Sistemas de informação são componentes relacionados entre si, atuando conjuntamente para coletar, processar e prover informações aos sistemas e/ou processos de decisão, coordenando, controlando, analisando e visualizando processos internos às organizações.

Todos os sistemas de informação interagem entre si, cada um influenciando uns aos outros, de modo que visualizamos a empresa como um grande processo. Antes, porém, de descrever sistemas de informação, cabem, ainda, duas definições básicas. Para Laudon e Laudon (1996), elas dizem respeito à decisão propriamente dita, na qual a decisão é a escolha de uma ou mais alternativas entre várias apresentadas, com o fim de atingir um objetivo proposto com a menor probabilidade de erro ou de fracasso possível. Já os tipos de decisão levam em conta o nível de previsibilidade possível nas decisões que devem ser tomadas, podendo ser classificadas como: (a) *estruturadas*: são aquelas para as quais a busca de soluções e seleção entre alternativas segue um processo lógico, claro, bem definido e previamente estabelecido em todos os detalhes; normalmente não permitem nenhum tipo de liberdade. Um exemplo muito conhecido é a atividade de um operário qualquer, porque todas as suas decisões estão contidas em um manual de procedimentos; (b) *semiestruturadas*: são aquelas para as quais podem ser fornecidos modelos matemáticos apenas para auxiliar o processo de busca de uma solução. Parte do problema pode ser equacionado, mas a decisão final sobre a alternativa a ser escolhida deve ser feita levando-se em consideração fatores subjetivos e de difícil quantificação. Um exemplo seria a definição da campanha publicitária para o lançamento de um produto e; (c) *não estruturadas*: são aquelas cujas variáveis envolvidas não são quantificáveis; em seu processo de decisão, leva-se em conta apenas a intuição humana. Um exemplo seria o nível de benefício que uma informação pode oferecer a um executivo, psicologia de vida, responsabilidade social, entre outros.

Em termos práticos, um sistema de informação ligado a uma decisão altamente estruturada pode eventualmente fazer as vezes do tomador de decisão humana, porém não se aplica no caso de decisões pouco ou mal estruturadas. Entretanto, para essas decisões, os sistemas de informação podem, de fato, apoiar o processo decisório, unindo a capacidade intelectual e a sensibilidade humana do tomador de decisões à capacidade de processamento, armazenagem e geração de informações originadas pelo computador.

Existem, ainda, mais dois conceitos básicos que se referem à empresa: (a) *componentes*: relacionados às diversas áreas de trabalho ou atividade, necessários para o funcionamento adequado da empresa como um todo e; (b) *níveis de decisão*: dizem

< CAPÍTULO 5 — METODOLOGIA EM SISTEMAS DE INFORMAÇÃO >

respeito à hierarquia existente dentro da empresa. Em outras palavras, é a associação entre a posição ocupada na estrutura e a abrangência ou detalhamento da informação veiculada.

5.2.1 O porquê da metodologia em sistemas de informação

Uma metodologia eficiente é vital na implementação de qualquer processo de mudança na organização. E, para entendermos esse contexto, primeiramente precisamos compreender a definição científica da metodologia.

Conforme revela Koche (1997), a metodologia é o estudo de procedimentos e técnicas a serem aplicados para a solução de problemas e a criação de novos projetos ou processos, possibilitando sua execução com maior rapidez e qualidade. A metodologia científica é a forma de demonstrarmos cientificamente a realização de uma pesquisa, sua teoria e, finalmente, sua tese científica de comprovação.

O desenvolvimento de um plano exige conhecimento, avaliação, recursos existentes, recursos requeridos, prioridades, custos, benefícios, recursos humanos, aspectos políticos etc. (Bio, 1985). Essa multiplicidade de tarefas requer coordenação, sequência, gerenciamento e definição clara do esperado. É necessário, portanto, uma metodologia para o planejamento que pondere os riscos inerentes de caráter metodológico e, acima de tudo, o cuidado com os conceitos que estão relacionados a determinada metodologia. Um método ou processo é consequência de ideias, valores e conceitos, nos quais qualquer metodologia deve ser interpretada como um fim, pois o que realmente importa é o produto final, não os passos, tarefas etc., previstos na metodologia; uma metodologia não deve ser seguida de forma rígida – é preciso considerar que cada caso é um caso. Empresas são diferentes e, consequentemente, os estágios de evolução serão os mais variados.

A coordenação de diferentes especialistas em uma variedade de atividades voltadas ao objetivo comum de um determinado projeto requer um ordenamento metodológico do trabalho, isto é, uma metodologia de desenvolvimento. Existem diferentes soluções metodológicas para os projetos, no entanto, como regra, essas metodologias procuram defini-los primeiramente. O gerenciamento do projeto, ao longo do seu desenvolvimento, é um ponto crítico para assegurar o cumprimento dos objetivos, a alocação de recursos, os prazos etc., a fim de garantir o gerenciamento adequado e o bom andamento do plano. Nesse cenário, a escolha do líder deve ser a melhor possível.

O processo de implementação de um determinado sistema de apoio à decisão na organização é de vital importância para a conformidade do objetivo. Para tanto, devem ser focadas as seguintes visões: (a) na visão pessoal, o usuário e o técnico responsável pelo sistema de apoio à decisão devem trabalhar juntos em um processo contínuo, adaptando o aplicativo às funções que estão sendo contempladas; (b) na visão de um grupo, a comunicação entre os diversos usuários e técnicos do sistema de apoio à decisão precisa ser estruturada e formal; (c) na visão da organização, existem inúmeros usuários, e os técnicos do sistema de apoio à decisão precisam ter a responsabilidade de guiar a integração desses sistemas na organização.

5.2.2 Qualidade: tecnologia e sistemas de informação

Desde o século passado, as alterações verificadas nos mercados de atuação das organizações, como o conceito da qualidade, têm evoluído de forma paralela. A qualidade tem sido um meio eficaz de adequar as organizações às características cada vez mais competitivas do mercado. De modo geral, podemos dizer que a qualidade impôs o controle de produtos e serviços em termos de ganhos de produtividade; também implantou a garantia de processos controlados quando houve a necessidade de racionalizar os custos, e introduziu a melhoria contínua por meio da aquisição de produtos e serviços que permitem destacar as empresas no mercado em que atuam. Um produto ou serviço de qualidade, assim como a satisfação dos clientes, são fatores decisivos e aceitáveis para o sucesso de qualquer organização. Todavia, não são suficientes.

A gestão pela qualidade abre novos caminhos, apostando nas pessoas e na sua capacidade para a constante inovação como fator dinamizador das empresas e organizações. A gestão pela qualidade permite-nos avaliar as principais questões empresariais ao desenvolver formas estruturadas e racionalizadas de abordar as necessidades dos clientes, ao balançar a gestão de processos por meio de critérios de eficiência interna e de eficácia de resultados, ao implementar uma cultura de melhoria de desempenho avaliada pelas exigências do mercado. A gestão pela qualidade traz um desafio para a maioria das empresas ao exigir que cada organização e cada um de nós aceite as mudanças que se fazem necessárias simultaneamente à manutenção do controle e à melhoria das atividades.

< CAPÍTULO 5 – METODOLOGIA EM SISTEMAS DE INFORMAÇÃO >

Deming (1990) define qualidade como "atender continuamente às necessidades e expectativas dos clientes a um preço que eles estejam dispostos a pagar". Sua contribuição considerada mais importante é o trabalho estatístico no sentido de definir a variabilidade dos processos em termos de causas especiais e causas comuns. Para esse autor, as causas comuns são responsáveis por 94% dos casos de variação desnecessária e costumam ser de responsabilidade do gerente. Deming propõe, ainda, os chamados 14 pontos, de forma a alcançar a qualidade total. São eles:

1 > Crie constância de propósitos para a melhoria do produto e do serviço.

2 > Adote a nova filosofia.

3 > Cesse a dependência da inspeção em massa.

4 > Acabe com a prática de aprovar orçamentos apenas com base no preço.

5 > Melhore constantemente o sistema de produção e de serviços.

6 > Institua treinamento.

7 > Adote e institua liderança.

8 > Afaste o medo.

9 > Rompa as barreiras entre os diversos setores.

10 > Elimine *slogans*, exortações e metas para a mão de obra.

11 > Suprima as quotas numéricas para a mão de obra e elimine o objetivo numérico para o pessoal de administração.

12 > Remova as barreiras que privam os profissionais do justo orgulho pelo trabalho bem executado.

13 > Estimule a formação e o autoaprimoramento de todos.

14 > Tome iniciativa para realizar a transformação.

Essas proposições representaram uma verdadeira revolução dentro da organização, levando a profundas transformações no relacionamento entre esta e seus clientes, fornecedores e empregados. Deming (1990) alertava também para os obstáculos a serem enfrentados, bem como para o longo caminho a ser percorrido até a real implementação da nova filosofia. Esse enfoque não atinge necessariamente todos os empregados, pois muitos têm dificuldade de empregar a metodologia ou de aceitar os princípios. Em outros casos, não conseguem envolver a alta gerência, restringindo-se aos operários e engenheiros.

O comportamento e as atitudes dos indivíduos na organização são fundamentais nessa nova maneira de encarar a qualidade e a sua gestão. Atualmente, o conceito de qualidade é colocado cada vez mais com um maior nível de abstração, no qual a qualidade é a coerência entre aquilo que se faz e aquilo que se diz fazer. Para obter qualidade, é necessário ser coerente consigo mesmo e observar atentamente o que se passa no mundo.

Um bom termo para a definição de qualidade seria "um estado da arte", no que diz respeito ao resultado alcançado por meio da realização das atividades desenvolvidas pelos indivíduos.

Nossa discussão propriamente aplicada à qualidade relaciona-se à implementação de novas tecnologias do conhecimento na organização e, para que essa implementação possa ocorrer, é necessária a elaboração prévia de um projeto. A qualidade de um projeto desse porte deve avaliar o posicionamento da equipe em relação ao cumprimento do compromisso estabelecido com o projeto em questão. A ênfase, então, será nos seguintes aspectos: (a) o que será implementado; (b) como o mesmo será implementado e; (c) quando será implementado.

Para que tenhamos um resultado eficaz na implementação de novas tecnologias da informação na organização, é preciso rever continuamente a equipe de trabalho, na qual a sua capacitação se faz de fundamental importância. O treinamento é qualquer atividade que visa melhorar a habilidade de uma pessoa no desempenho de um determinado cargo e/ou função em uma organização. Mas o treinamento é apenas uma das diversas maneiras de uma organização atingir um objetivo desejado. Outra forma de alcançá-lo seria por meio dos processos de seleção, instituindo sistemas de informação mais potentes e confiáveis, entre outros recursos. O investimento feito em treinamento de pessoal tem retorno garantido na maioria das vezes, porém depende novamente do comprometimento do indivíduo. O plano eficaz de uma política de treinamento visa obter uma melhor combinação do uso de homens em suas atividades, máquinas, e em seus respectivos métodos de trabalho.

Hoje, o treinamento contemplando processos em tecnologia da informação é vital nas organizações. O uso de ferramentas computacionais está sendo cada vez mais necessário nas atividades exercidas pelos funcionários dentro da empresa. Esse treinamento é imprescindível porque as mudanças estão ocorrendo de forma rápida e contínua – além de haver uma carência de profissionais adequados às funções e aos cargos disponíveis.

Mas é importante ressaltarmos, também, que existem inúmeras resistências por parte dos executivos quanto ao uso dos sistemas de informação nas organizações. Isso ocorre quando o sistema utilizado não apresenta as informações necessárias, ou quando estas são fornecidas de forma inconveniente e, em alguns momentos, de maneira inoportuna.

6 CONCLUSÕES E REFLEXÕES SOBRE AS NOVAS TECNOLOGIAS E SUA COMPLEXIDADE

Com base nas discussões realizadas até agora, podemos relacionar alguns pontos importantes, dentre os quais se destacam:

> É estritamente necessário o comprometimento da equipe envolvida no projeto de implementação do sistema de informação para que não só a amplitude, mas também o objetivo do projeto seja alcançado. A participação e o apoio da alta direção na implementação de qualquer mudança e metodologia são condições básicas e necessárias para o sucesso do projeto. Esse apoio favorece o clima de trabalho, melhorando a produtividade e a qualidade dos serviços e tarefas executados pelos indivíduos, provendo o grupo de trabalho de "energia positiva".

> A utilização de documentação de modo eletrônico, por meio do uso de *templates* (documentos padronizados preexistentes) nos processos, funções e atividades realizadas pelos indivíduos na organização, é também de extrema valia, pois facilita, agiliza e dá maior garantia de conformidade ao processo de mudança realizado na organização. Essas técnicas auxiliam o controle e o *feedback* no gerenciamento de projetos. O intuito não é apenas burocratizar, mas controlar, administrar, fazer gestão de todo e qualquer processo de mudança e, principalmente, da implementação de novas tecnologias no trabalho. A utilização de tecnologia, por meio da utilização do hipertexto e da hipermídia, facilita essa atividade. Essa é uma ação muito importante no tratamento da gestão do conhecimento, pois o processo de mudança e as novas atividades a serem realizadas pelos indivíduos são armazenados eletronicamente, facilitando o fluxo de comunicação e a informação dentro da organização.

> Sem o apoio e a orientação dos gestores e da equipe de trabalho, realizados durante o período de treinamento, é impossível alcançarmos o sucesso na im-

plementação de novas tecnologias do conhecimento nas organizações. A readaptação dos novos processos e procedimentos deve ser devidamente validada pela equipe de projeto e pelos demais integrantes da empresa em suas áreas de atuação.

> A revisão e a validação do material de treinamento e dos processos e funções é um ponto importante na metodologia de condução de projetos que envolvam questões de mudança nas organizações, principalmente no que se refere à tecnologia, uma vez que é fundamental não só o comprometimento dos envolvidos, mas também a validação e o uso efetivo de manuais de apoio, revisados e validados pela equipe de usuários da empresa, pois é somente por meio deles que as atividades podem ser, de fato, realizadas satisfatoriamente.

> A realização de reuniões periódicas e a sua documentação por meio de atas também é importante para o sucesso na implementação de novas tecnologias do conhecimento. Vale lembrar, no entanto, que essas reuniões devem ser rápidas e produtivas, permitindo o nível de decisão na organização.

> O comprometimento, a participação, a união e a integração dos vários participantes do projeto, bem como dos demais integrantes da empresa, em um processo de mudança e implementação de novas tecnologias do conhecimento, são vitais para o sucesso de qualquer projeto. É necessário o apoio total e irrestrito dos executivos chefes, não só como norteadores e gestores, mas também como participantes efetivos, de forma ética, para que a informação e o conhecimento sejam levados a todos, sem exceção. A transparência vem ao encontro da questão da verdade, trazendo à tona, filosoficamente, a ética na organização.

> A implementação de novas tecnologias do conhecimento nas organizações auxilia o processo de mudança, pois facilita a produtividade, a qualidade e o controle dos processos internos à organização, como é o caso da implementação de sistemas de informação.

> Por fim, o uso das novas tecnologias da informação deve ser o melhor possível. Sem a correta alimentação dos dados (*inputs*) nos sistemas de informação, não é possível obtermos qualquer tipo de resultado satisfatório.

Para que o conceito por trás dessas conclusões possa ser utilizado, precisamos conceber uma nova visão do processo de mudança causado pela presença da tecnologia e dos sistemas de informação na vida profissional das pessoas. Trata-se de uma visão que nos leva a reconhecer a necessidade de compreender os processos intrínsecos funcionais da organização (integrabilidade das funções e atividades dos departamentos da estrutura organizacional) de maneira mais responsável e humana, auxiliados pela fundamentação e aplicação da gestão do conhecimento. Necessitamos propiciar, a cada ser humano, o desenvolvimento da consciência crítica sobre a sua existência no planeta e perante o próprio cosmos.

A mudança precisa ser evolutiva e realizada pelo querer fazer, em conformidade com o querer ser do indivíduo, contendo uma energia positiva que transcenda o próprio indivíduo, em um processo que seja conduzido não só pela razão, mas também pela emoção e pelo coração, ou seja, um equilíbrio entre ambos.

Os indivíduos, tanto os membros das equipes envolvidas no trabalho quanto os executivos, devem estar atentos às questões da complexidade existentes nas organizações, facilitando o processo de mudança, transformando-as de maneira positiva, rompendo as barreiras e dificuldades que existem internamente. Como exemplo, podemos citar a própria cultura organizacional, na qual as boas práticas de convivência entre os indivíduos devem ser respeitadas e seguidas.

Outro desafio a vencer é o nível de qualidade dos sistemas de educação em nosso país. Precisamos, acima de tudo, valorizar a educação, permitir que ela ajude na formação dos indivíduos, tornando-os mais capacitados e preparados para o processo de evolução da humanidade. Para que isso aconteça, a educação deve ser possível e estendida a todos.

Em qualquer processo de mudança e/ou implementação de novas tecnologias do conhecimento, o indivíduo necessita, em primeiro lugar, ter pelo menos alguns princípios básicos de valores a seguir: a verdade é o princípio básico que está por trás de todas as formas de vida, dirigindo a conduta do homem autêntico e ajudando-o a superar seus temores. A verdade dá significado e dignidade à vida, motivando e aproximando o indivíduo do divino; o amor é a energia de criação de coesão, que transforma e dá manutenção à vida. O amor é a força que abastece a alma, é o alimento que nutre a mente e se reflete em nossos pensamentos, palavras e ações. O exercício do amor revela o ser profundo, sagrado, transcendental e sublime; a paz é o alicerce da felicidade do homem, advindo da eliminação da desordem interior criada pelos estímulos dos sentidos, das emoções, e pela formação sucessiva de pensamentos e desejos. A mente pode ser a principal aliada na construção dessa paz interior, mas também o principal obstáculo.

A visão espiritualista vem propiciar ao ambiente de trabalho um lugar privilegiado, onde podemos e devemos praticar a espiritualidade na organização. O sentido de fraternidade se manifesta sob o nome de trabalho em equipe. A estratégia de negócios pode ser denominada missão, norteando e fornecendo significado a todos os indivíduos que ali trabalham. O lugar de trabalho deixa de ser só um lugar para se ganhar um salário no final do mês ou para gerar lucros – ou para simplesmente ter um sentido ampliado de satisfação. O papel gerencial dos líderes necessita passar a incorporar a dimensão humana: orientar e apoiar o crescimento das pessoas de cada departamento, ajudando-as na realização de seus potenciais individuais.

Quando as empresas e as pessoas que nela trabalham têm essa consciência, a consequência é que fluem com muito maior facilidade os fatores mais desejados pelos executivos das empresas: a motivação, o desempenho, o espírito de equipe, a comunicação eficaz, a qualidade, o respeito aos clientes e fornecedores, a valorização e o respeito aos indivíduos e ao próprio planeta.

O indivíduo precisa reagir e encarar as dificuldades encontradas, e sua satisfação não deve se focar nos resultados, mas no processo como um todo, e que lhe proporcionará uma sensação muito mais prolongada e enriquecedora na realização de suas atividades no trabalho, fazendo-o fluir de maneira natural e evolutiva.

O grande desafio do indivíduo é fazer com que a determinação marcante de conseguir vencer as barreiras possa vir à tona não de maneira singular e individual, mas de forma coletiva. Esse mesmo indivíduo precisa contaminar positivamente os demais componentes de seu grupo para que não somente ele vença os desafios, mas também os demais colaboradores da unidade chamada organização.

A enorme velocidade de transformação pela qual estamos passando em todos os aspectos de nossas vidas faz com que toda a segurança que tínhamos no patrimônio, no material e no concreto se desvaneça, perdendo, assim, o sentido. As dimensões do intangível, do invisível e do espiritual começam a se tornar mais presentes e, com isso, os processos de transformação começam a fazer sentido e encontrar o seu devido lugar.

A espiritualidade é uma dimensão de cada ser humano. Essa dimensão espiritual que cada um de nós tem se revela pela capacidade de diálogo consigo mesmo e com o próprio coração, se traduz pelo amor, pela sensibilidade, pela compaixão, pela escuta do outro, pela responsabilidade e cuidado como atitude fundamental.

É alimentar um sentido profundo de valores pelos quais vale sacrificar tempo, energias e, no limite, a própria vida.

Leonardo Boff

A utilização da tecnologia e dos sistemas de informação na organização deve ser compreendida não só pelo uso tecnológico em si, mas por meio da transformação e maturidade do indivíduo que transcenda a abordagem mecanicista tradicional. É a visão do saber, algo superior e de maior valia para a humanidade. Não obstante, traz aos indivíduos que desenvolvem suas atividades uma maior produtividade e uma significativa melhoria no processo de qualidade em suas realizações, bem como o próprio encapsulamento das funções realizadas nos computadores. É importante, para as empresas modernas, o controle do que está sendo realizado internamente em seus processos, pois assim se objetiva o próprio controle das operações, bem como os aspectos de segurança; mas é importante lembrar que quem conduz e executa as tarefas e as atividades são os próprios indivíduos.

Atuar em conjunto, organizar-se, respeitar-se, aceitar as diferenças de ponto de vista para superá-las, adotar um ponto de vista humano, não mais privilegiar exclusivamente a política e a economia. Todos são aspectos que têm de ser incluídos se quisermos desenvolver um comportamento ético e universal eficaz. Só assim será possível encontrar soluções urgentes, uma vez que os conflitos, os problemas ligados ao meio ambiente, as endemias, as fomes, os desequilíbrios econômicos estão eclodindo todo o tempo em um ponto ou outro do planeta. São essas condições que servirão de estímulo para coordenar rapidamente, em tão vasta escala, os meios disponíveis.

Dalai Lama

O indivíduo se torna sábio a partir do momento em que exercita o que aprende. Somente a troca de inteligências, dons e excelências é que pode transformar o homem e, consequentemente, a humanidade.

Cada pessoa tem a sua própria maneira de assimilar a vida e os desafios que ela nos proporciona. No momento em que cada um se predispõe a ofertar o que cultiva de bom dentro de si é que a capacidade de aprender ganha verdadeiro sentido.

Outro ponto que não deve ser esquecido: não podemos tratar a ética como apenas mais um discurso quando participamos de um processo de mudança na organização envolvendo tecnologia. Tanto o indivíduo como a própria organização devem agir perante suas ações de forma transparente, e o comprometimento dos indivíduos deve ser coerente com os valores da organização.

A educação a distância, não obstante, pode vir a facilitar a implementação de novas tecnologias do conhecimento nas organizações, facilitando também o processo de comunicação e aprendizagem, corroborando a gestão do conhecimento das empresas.

Como resultado dessas reflexões, verificou-se que é de suma importância a implementação de novas tecnologias do conhecimento, a fim de facilitar a vida do indivíduo na organização. É necessário que o próprio indivíduo permita essa mudança, pois, se não for dessa maneira e sob essa visão, estaremos caminhando cada vez mais para as "profundezas da máquina".

Todo e qualquer processo de mudança é difícil de ser conseguido, pois envolve, acima de tudo, a vontade do ser humano, tanto de maneira individual como coletiva. É por isso que a transparência e a verdade devem existir por parte dos executivos chefes e dos demais componentes da organização. Por fim, representamos na Figura 6.1 a volição do indivíduo e o fluxo do conhecimento, contidos na organização.

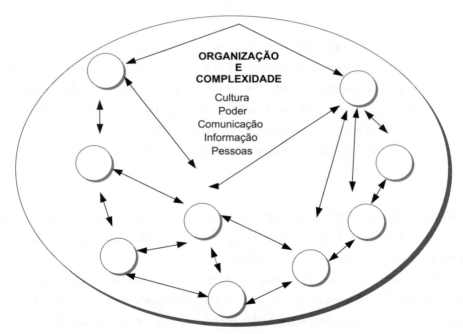

Figura 6.1 > A volição do indivíduo e o fluxo do conhecimento contidos na organização.

Muito embora essa figura seja parecida com outra mostrada anteriormente, ela possui algumas diferenças, pois apresenta as seguintes conotações:

> Os círculos menores representam os indivíduos contidos na organização. Esses indivíduos são respectivamente dotados de volição, comprometimento, valores coletivos, ética e princípios humanos.

> As setas representam a informação e o conhecimento trocados e adquiridos pelos indivíduos.

É claro que ciência e tecnologia são importantes. Principalmente porque nos ajudam a viver melhor, nos propiciam conforto e mais conhecimento das patologias. Oferecem acesso a tratamentos mais eficazes. Permitem um melhor conhecimento dos homens, do mundo, do universo. A questão é que o ser humano privilegia em excesso os domínios materiais. A espiritualidade é igualmente essencial à vida. O caminho justo é saber conciliar os dois aspectos, evitando que o homem se desumanize.

Dalai Lama

6.1 Recomendações para o futuro

Devemos ressaltar e enfatizar que, cada vez mais, o indivíduo, para atingir de forma evolutiva a organização, não deve restringir-se à sabedoria de forma puramente individual, mas sobretudo ser profundo facilitador da sabedoria coletiva.

Há a necessidade de que a cultura organizacional seja mais bem trabalhada pelos dirigentes das organizações. Todos os indivíduos, e principalmente aqueles que tomam as decisões nas organizações, precisam se comprometer com os processos de mudança e com as novas tecnologias do conhecimento que estão sendo implementadas e que venham a surgir, atuando de forma transparente, com princípios e eticamente, ajudando na construção de uma vida melhor, de uma organização mais sadia e de um planeta mais evoluído.

Ademais, a tecnologia deve ser encarada como uma ferramenta que auxilia o indivíduo em seu trabalho, provendo-o de uma maior qualidade de vida, bem como aumentando sua própria satisfação, tanto em sua vida pessoal como profissional. Dessa maneira, e sustentado por uma educação com base na qualidade e na justiça, o próprio indivíduo estará colaborando com o restante da sociedade, contribuindo com a sabedoria coletiva do planeta em que vivemos, pois a implementação de novas tecnologias do conhecimento nas organizações depende única e exclusivamente das pessoas de boa vontade, dotadas de valores individuais e coletivos construtivos.

REFERÊNCIAS BIBLIOGRÁFICAS

ABERDEEN RESEARCH. *Aberdeen it consulting and marketing research.* Disponível em: <http://www.aberdeen.com/>. Acesso em: 11 jul. 2000.
ANDERSEN, Peter Bogh. *A theory of computer semiotics.* Cambridge: Cambridge University Press, 1997. (Cambridge Series on Human-Computer Interaction).
ASAP Roadmap. *ASAP, SAP.* Disponível em: <http://www.sap.com/asap>. Acesso em: 13 jul. 2000.

BERTALANFFY, Ludwig von. *General system theory.* New York: George Brasiller, 1969.
BIO, Sérgio Rodrigues. *Sistemas de informação*: um enfoque gerencial. São Paulo: Atlas, 1985.
BOUGNOUX, Daniel. *Introdução às ciências da comunicação.* Bauru: Edusc, 1999.
BUNGE, Mário. *Física e filosofia.* São Paulo: Perspectiva, 2000.
BURKERT, Walter. *Mito e mitologia.* Rio de Janeiro: Edições 70, 1991.

CAMPBELL, J. P. et al. *Managerial behavior performance and effectiveness.* New York: McGraw Hill Book, 1970.
CAPRA, Fritjof. *A teia da vida.* 14. ed. São Paulo: Cultrix, 1996.
_____. *As conexões ocultas.* São Paulo: Cultrix, 2002.
_____. *O ponto de mutação*: a ciência, a sociedade e a cultura emergente. 28. ed. São Paulo: Cultrix, 1982.
_____. *O tao da física:* um paralelo entre a física moderna e o misticismo oriental. 22. ed. São Paulo: Cultrix, 2000.
CHANLAT, Jean-François. *O indivíduo na organização*: dimensões esquecidas: por uma antropologia da condição humana nas organizações. São Paulo: Atlas/CETAI, 1991. v. 1.
CLAUSEN, Sten-Erik. *Applied correspondence analysis*: an introduction. Califórnia: Sage Publications, 1998.
COLLINS, James C.; PORRAS, Jerry I. *Feitas para durar*: práticas bem-sucedidas de empresas visionárias. Rio de Janeiro: Rocco, 1995.
COMTE-SPONVILLE, André. *Pequeno tratado das boas virtudes.* São Paulo: Martins Fontes, 2000.
CSIKSZENTMIHALYI, Mihaly. *Fluir*: una psicología de la felicidad. 8. ed. Barcelona: Kairós, 2000.

DAVENPORT, Thomaz H.; PRUSAK, Laurence. *Conhecimento empresarial*: como as organizações gerenciam o seu capital. Rio de Janeiro: Campus, 1998.
DAVIS, Keith; NEWSTROM, John W. *Comportamento humano no trabalho*: uma abordagem psicológica. 2. ed. São Paulo: Pioneira, 1998. 2 v.

D'AMBRÓSIO, Ubiratan. *Transdisciplinaridade*. 3. ed. São Paulo: Palas Athena, 2001.

DEMING, W. E. *Qualidade*: a revolução da administração. Rio de Janeiro: Marques-Saraiva, 1990.

DEMO, Pedro. *Metodologia científica em ciências sociais*. 3. ed. São Paulo: Atlas, 1995.

DOCENT. Docent institucional. Disponível em: <http://www.docent.com>. Acesso em: 20 abr. 2002.

DRUCKER, Peter. *Fator humano e desempenho*. 2. ed. São Paulo: Pioneira, 1991.

DUINEVELD, A. J. et al. *Wondertools?*: a comparative study of ontological engineering tools. In: Proceedings of the 12th International Workshop on Knowledge Acquisition, Modeling and Management (KAW'99), Banff, Canadá, 1999. Kluwer Academic Publishers.

FLEURY, Afonso C. C. Capacitação tecnológica e processo de trabalho: comparação entre o modelo japonês e o brasileiro. *RAE: Revista de Administração de Empresas*, São Paulo, v. 30, n. 4, p. 2.330, out./dez. 1990.

FLEURY, A. C.; FLEURY, M. T. L. *Aprendizagem e inovação organizacional*: as experiências de Japão, Coreia e Brasil. São Paulo: Atlas, 1995.

FLEURY, Maria Thereza Leme. *Cultura e poder nas organizações*. São Paulo: Atlas, 1992.

FOGUEL, Sérgio; SOUZA, Carlos César. *Desenvolvimento organizacional*. 2. ed. São Paulo: Atlas, 1986.

GELDER, Tim van. *The dynamical hypothesis in cognitive sciences*. Melbourne: University of Melbourne, 1997.

GOMES, Duarte. *Cultura organizacional*. Coimbra: Quarteto, 2000.

GONÇALVES, José Ernesto Lima. As empresas são grandes coleções de processos. *RAE: Revista de Administração de Empresas*, São Paulo, v. 40, n. 1, p. 619, jan./mar. 2000.

_____. Reengenharia: um guia de referência para o executivo. *RAE: Revista de Administração de Empresas*, São Paulo, v. 34, n. 4, p. 2330, jul./ago. 1994.

GOODMAN, Paul S. et al. *Technology and organizations*. San Francisco: Jossey Bass, 1990.

GUERRA, Carlos Gustavo Marcante. Ampliando a construção da mente. Disponível em: <http://www. eps.ufsc.br/~cgustavo/transdisciplinar/mente. html#informacao>. Acesso em: 17 fev. 2001.

GUBMAN, Edward. *Talento*: desenvolvendo pessoas e estratégias para obter resultados extraordinários. Rio de Janeiro: Campus, 1999.

HARMAN, Willis; HORMANN, John. *O trabalho criativo*: o papel construtivo dos negócios numa sociedade em transformação. 2. ed. São Paulo: Cultrix, 1993.

HELLER, Robert. *Managing teams*. Londres: Dorling Kindersley, 1998.

HESSEN, Johannes. *Teoria do conhecimento*. 7. ed. Coimbra: Arménio Amado, 1987.

HILLMAN, James. *Tipos de poder*. São Paulo: Vozes, 2001.

HOYOS GUEVARA, Arnoldo José et al. *Conhecimento, cidadania e meio ambiente*. São Paulo: Fundação Peirópolis, 1998, v. 2. (Série Temas Transversais.)

IBRI, Ivo Assad. *Kósmos Noetós:* a arquitetura metafísica de S. Peirce. São Paulo: Perspectiva, 1992.

INMON, W. H. *Building the data warehouse*. New York: John Wiley & Sons, 1992.

KANT, Immanuel. *Fundamentación de la metafísica de las costumbres*. 15. ed. Madri: Espasa Calpe, 2001. (Colección Austral)

KING, N.; ANDERSON, N. *Innovation and change in organizations*. New York: Routledge, 1995.

< REFERÊNCIAS BIBLIOGRÁFICAS >

KISSINGER, Kerry; BORCHARDT, Sandra. *Information technology for integrated health systems.* New York: John Wiley & Sons, 1996. (Ernst & Young – Information Management Series)

KOCHE, José Carlos. *Fundamentos de metodologia científica.* São Paulo: Vozes, 1997.

KRISTEVA, Julia. *História da linguagem.* Lisboa: Edições 70, 1991.

LAUDON, Kenneth C.; LAUDON, Jane P. *Management information systems*: organization and technology. 4. ed. Upper Saddle River: PrenticeHall, 1996.

LEONARD-BARTON, D. *Wellsprings of knowledge*: building and sustaining the sources of innovation. Boston: Harvard Business School Press, 1995.

LEFF, Enrique. *Epistemologia ambiental.* São Paulo: Cortez, 2000.

LÉVY, Pierre. *Cibercultura.* 2. ed. Rio de Janeiro: Editora 34, 2000.

_____. *A inteligência coletiva*: por uma antropologia do ciberespaço. São Paulo: Loyola, 1998.

_____. *O que é o virtual?* São Paulo: Editora 34, 1996.

LINDFIELD, Michael. *A dança da mutação*: uma abordagem ecológica e espiritual para transformação. São Paulo: Aquariana, 1992.

MACHADO, Arlindo. *Hipermídia*: o labirinto como metáfora. In: DOMINGUES, Diana (comp.). *A arte no século XXI*: a humanização das tecnologias. São Paulo: Unesp, 1997.

MARTINELLI, Marilu et al. *Ética, valores humanos e transformação.* São Paulo: Fundação Peirópolis, 1998. (Série Temas Transversais.)

MATURANA, Humberto. *A ontologia da realidade.* Belo Horizonte: UFMG, 2001.

MCLUHAN, Maeshall. *Os meios de comunicação como extensões do homem.* 11. ed. São Paulo: Cultrix, 1999.

MORAES, Maria Cândida. *Sentipensar sob o olhar autopoiético*: estratégias para reencantar a educação. São Paulo: PUC-SP, 2001.

_____. *O paradigma educacional emergente.* Campinas: Papirus, 1997.

MORGAN, Gareth. *Imagens da organização.* 2. ed. São Paulo: Atlas, 1996.

MORIN, Edgar. *A religação dos saberes*: o desafio do século XXI. Rio de Janeiro: Bertrand Brasil, 2001.

_____. *Os sete saberes necessários à educação do futuro.* 2. ed. São Paulo: Cortez, 2000.

_____. Por uma reforma do pensamento. *O correio da Unesco*, Rio de Janeiro, v. 4, n. 4, abr. 1996.

_____. *O problema epistemológico da complexidade.* Lisboa: EuropaAmérica, 1984.

MORRIS, Tom. *A nova alma do negócio*: como a filosofia pode melhorar a produtividade de sua empresa. Rio de Janeiro: Campus, 1998.

NETTO, J. Teixeira Coelho. *Semiótica, informação e comunicação.* 5. ed. São Paulo: Perspectiva, 1999.

NOBREGA, Clemente. *Em busca da empresa quântica.* Rio de Janeiro: Ediouro, 1996.

NEVES, Carmem Moreira de Castro. Referências de Qualidade para cursos a distância. PORTAL MEC. Disponível em: http://portal.mec.gov.br/. Acesso em 10 nov. 2003.

NONAKA, Ikugiro; TAKEUCHI, Hirotaka. *Criação de conhecimento na empresa.* 8. ed. Rio de Janeiro: Campus, 1997.

PEIRCE, Charles S. *Semiótica.* 2. ed. São Paulo: Perspectiva, 1995.

PEREIRA, Raquel da Silva. *Desenvolvimento sustentável como responsabilidade social das empresas*: um enfoque ambiental. São Paulo: Lorosae, 2002.

PESSIS-PASTERNAK, Guitta. *Do caos à inteligência artificial*: quando os cientistas se encontram. São Paulo: Unesp, 1993.

PETTIGREW, A. M. On studing organizational cultures. *Administrative Science Quarterly*, 1979.

PIGNATARI, Décio. *Informação, linguagem, comunicação*. 18. ed. São Paulo: Cultrix, 1997.

PRIGOGINE, Ilya. *O fim das certezas*. São Paulo: Unesp, 1996.

_____. NICOLIS, Grégoire. *Exploring complexity*. New York: W. H. Freeman, 1989.

QUINTAS, Paul. *Technology and knowledge management*. Disponível em: <http://www.mdic.gov.br/indcom/sti/pag/openuniver.html/http://www.mdic.gov.br/tecnologia/eventos/semCapIntGestConhCompet.htm#acic>. Acesso em: 15 jan. 2001.

SANCHEZ VÁZQUEZ, Adolfo. *Ética*. 10. ed. Rio de Janeiro: Civilização Brasileira, 1987.

SANTAELLA, Lucia. *A teoria geral dos signos:* semiose e autogeração. São Paulo: Ática, 1995.

_____. O homem e as máquinas. In: DOMINGUES, Diana (org.). *A arte no século XXI*: a humanização das tecnologias. São Paulo: Unesp, 1997.

SCHEIN, Edgar H. *Organizational culture and leadership*. 2. ed. São Francisco: Jossey Bass, 1992. (Jossey Bass Management Series and Social and Behavioral Science Series)

SELLTIZ, C. et al. *Métodos de pesquisa nas relações sociais*. São Paulo: EPU, 1975.

SENGE, P. M. O novo trabalho do líder: construindo organizações que aprendem. In: STARKEY, Ken (ed.). *Como as organizações aprendem*: relatos do sucesso das grandes empresas. São Paulo: Futura, 1997.

_____. *The fifth discipline*: the art & practice of the learning organization. New York: Doubleday/Currency, 1990.

SILVA, Sandro Márcio da; FLEURY, Maria Tereza Leme. Aspectos culturais do uso de tecnologias de informação em pesquisa acadêmica. *RAUSP: Revista de Administração da USP*, São Paulo, v. 35, n. 2, p. 1.929, abr./jun. 2000.

SIMONETTI, Paulo Sergio. A ética e as novas tecnologias da comunicação. São Paulo, 1996. Dissertação (Mestrado) — Escola de Comunicações e Artes. Universidade de São Paulo.

SROUR, Robert Henry. *Poder, cultura e ética nas organizações*. Rio de Janeiro: Campus, 1998.

SVEIBY, Karl Erik. *A nova riqueza das organizações*: gerenciando e avaliando patrimônios de conhecimento. Rio de Janeiro: Campus, 1998.

TAPSCOTT, Don. *Economia digital*: promessa e perigo na era da inteligência em rede. São Paulo: Makron Books, 1997.

UNESCO. *Novos marcos de ação*. Brasília: Unesco, 2001.

VIEIRA, Jorge Albuquerque; SANTAELLA, Lúcia. Caos e ordem: filosofia e ciências: integralidade, organização e gramática. *Face*: Revista de Semiótica e Comunicação, São Paulo, v. 1, n. 2, 1999.

WAISTELL, Jeff. *Intellectual capital audits*. Disponível em: <http://www.mdic.gov.br/indcom/sti/pag/openuniver.html/> ; <http: //www.mdic.gov.br/tecnologia/eventos/semCapIntGestConhCompet.htm#acic>. Acesso em: 15 jan. 2001.

WALTON, Richard E. *Tecnologia da informação*: o uso de TI pelas empresas que obtêm vantagem competitiva. São Paulo: Atlas, 1994.

WIENER, Norbert. *Cibernética e sociedade*: o uso humano de seres humanos. 9. ed. São Paulo: Cultrix, 1993.

Impressão e Acabamento

Bartira

Gráfica

(011) 4393-2911